Eugeniusz Wachowiak

Obwohl deine Sprache anders klingt / Choć mowa brzmi różnie słowo jest za słowo

Eugeniusz Wachowiak

Obwohl deine Sprache anders klingt / Choć mowa brzmi różnie słowo jest za słowo

Gedichte / Wiersze

Mit Grafiken von Günter Guben

Übersetzung ins Deutsche
Przekład na język niemiecki
Eugeniusz Wachowiak

Nachwort
Wprowadzenie
Sergiusz Sterna-Wachowiak
übersetzt von Paulina Schulz

EDITION DRUMLIN

Frau Renate Sternel, den Herren Rainer Wochele, Günter Guben, Peter Renz und meinem Sohn Sergiusz Sterna-Wachowiak möchte ich für Ihr Engagement am Vorbereiten des Gedichtbandes meinen aufrichtigen Dank sagen.

Pani Renate Sternel, Panu Rainerowi Wochele i mojemu synowi Sergiuszowi Sternie-Wachowiakowi pragnę wyrazić moje szczere podziękowanie za zaangażowanie w przygotowanie tego tomu wierszy.

Eugeniusz Wachowiak

Gefördert durch den Stuttgarter Freundeskreis: Günter Guben, Rainer Wochele, Ingeborg Santor, Usch Pfaffinger, Irmela Brender, Uta Heim, Ingeborg Hoech, Elli Kluge, Wanda Klepiszewski, Egbert-Hans Müller, Signe Sellke, Peter Schlack, Susanne Stephan, Ingeborg Santor, Deutsch-Polnische Gesellschaft Stuttgart, Stuttgarter Schriftstellerhaus

ISBN 978-3-935093-67-5

Umschlaggestaltung: demand Grafik, unter Verwendung einer Grafik von Günter Guben
Herstellung: Books on Demand GmbH, Norderstedt
Printed in Germany

Wiersze

Gedichte

Można

Człowieka
można jak muchę
zmiażdżyć

albo

dymem
w sferoidalne
zaświaty
puścić

tylko że
po nim
płynie rzeka
bólu i żalu

w zapomnienie

Man kann…

Man kann
den Menschen
zerquetschen
wie eine Fliege

Man kann
den Menschen
als Rauch
ins Jenseits
bringen

Doch
ihm folgt
der Fluss der Schmerzen
und des Trauerns nach

Wiatrak

Siedzi
sylwetą wielkopolskiej chłopki
okutany w mgieł szarawych chustę
wiatrak przysadzisty
za wsią na pagórze
i drzemie
aż
majakami poniósł sny poranne – wiatraczne
wicher na chmurze
z pobudką
skrzypiących śmig
w dali przestrzenie puste

Die Windmühle

Sie hockt
wie der Schatten einer Bäuerin
von Nebeltüchern umhüllt
hinter dem Dorfe
auf dem Hügel
und schlummert
bis der Morgenwind
die Mühlenträume
und das Wecksignal
der knarrenden Flügel
in der Ferne
wieder aufnimmt

Niemandsland

Jeszcze trwożniej
gdy wozy odjadą przed nocą
gdy ryba wysycha oczu pozbawiona
i gwiazda przechodzi z południa na północ

To jagnię krzyczy głośno
w mroczną pustkę ulic
przeciąg wyrywa z okien ciężkie okiennice
i namiot rozbija w dole odszczepieniec

Niemandsland

Noch furchtsamer
wenn der Treck in der Dämmerung fortzieht
wenn der Fisch ohne Augen auf dem Müll ausdorrt
und der Stern wandert von Süden gen Norden

Das Lamm schreit lauter
in die finstere Straßenleere
der Luftzug reißt die Fensterläden aus
und der Ketzer stellt sich ein Zelt auf

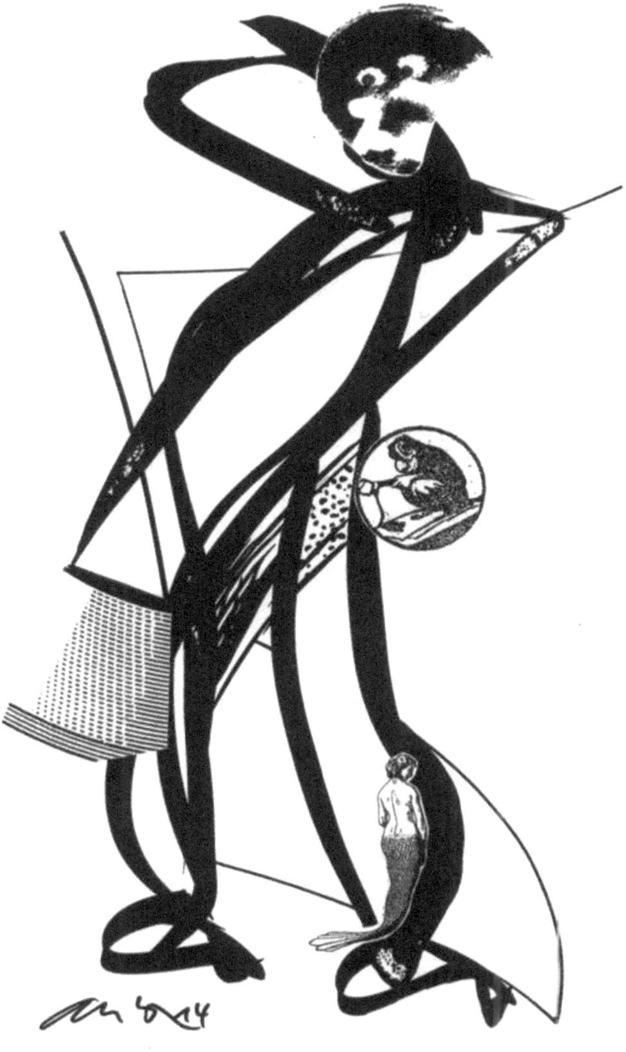

Sygnał

Chyba to głosem podam
lub innym sygnałem
po linii napięć zwykłych
lub może wzmocnionych

I drżeniem przebiegnie
wstrząs jak iskra ślepa
posłuszna ładunkom
do spięć ostatecznych

Wybuch zaś nie nastąpi
u góry podnóża
lecz w cząstki rozbije
rdzeń kory mózgowej
wraz z pierwszym uderzeniem
żywej wiadomości

Das Warnsignal

Vielleicht mit der Stimme
oder mit einem anderen Warnsignal
in der normalen Spannung
oder der verstärkten

Läuft die Erschütterung
wie ein blinder Funke
dem Befehl gehorsam
bis an den Zünder
der nun auf einmal
ganz endgültig ist

Diese Sprengung wird nicht
am Bergfuss zustandegebracht
sie zerreißt und zersplittert
den Kern des Gehirns
mit dem allersten Schlag
jener überraschenden Nachricht

Korzeń

To tylko zamiar –
zaś woda pod wierzchem
choć wierzch stabilny
zda się być jak skała
Więc rozwidlony
łapczywie pod ziemię
zapuszczam macki
w kształty nie przebyte
i wzburzam wody
aż na wskroś powierzchni
spękane bruzdy
wzbiorą potokami
i ślad popłynie
ku początkom świata

Die Wurzel

Es ist nur eine Absicht –
            Wasser unter der Oberfläche
obwohl die Oberfläche
            wie ein Fels
stabil zu sein scheint
            Gabelförmig also
gierig unter dem Boden
            lass ich die Fühler
in die unwegsamen Formen wachsen
            und errege die Gewässer
die kluftigen Furchen
            lass die Flut anschwellen
und ihre Spur wird reichen
            bis an den Anfang
der Schöpfung

Sam jeden obcy

Sam jeden obcy
jestem pośród obcych

Oni tam w rękawicach
z mieczami o ziemię
stoją jak wielogłowe
wielonożne zwierzę
gotowe na rozkaz
łupić i zabijać

Oto ja jestem jeden
obcy i samotny
z bosą stopą w chodaku
z głową ogoloną
kandydat na Golgotę
i na krzyż kandydat

Niby ich nie obchodzę
swoje mają sprawy

Lecz wiem że gdybym zechciał –

Sam w śmierć własną umknąć
to o nią zazdrośni
umrzeć mi nie pozwolą
bo chcą śmierć tę chciwi
dla siebie zachować

Fremd und allein

Nun fremd und allein
bin ich unter den Fremden

In ledernen Handschuhen
die Schwerter vor sich stehend
bilden sie ein vielköpfiges
und vielbeiniges Tier
das befehlsbereit
zum Prügeln und Töten ist

Nun fremd und allein
bin ich unter den Fremden
barfuß in der Holzpantine
mit rasiertem Haupte
bestimmt für Golgatha
und ans nackte Kreuz

Es scheint
sie kümmern sich
um mich kaum

Ich weiß jedoch genau –

Hätte ich in meinen Tod
flüchten wollen
so wären sie auf ihn neidisch
weil sie Todessüchtige
über mein Leben
selbst bestimmen möchten

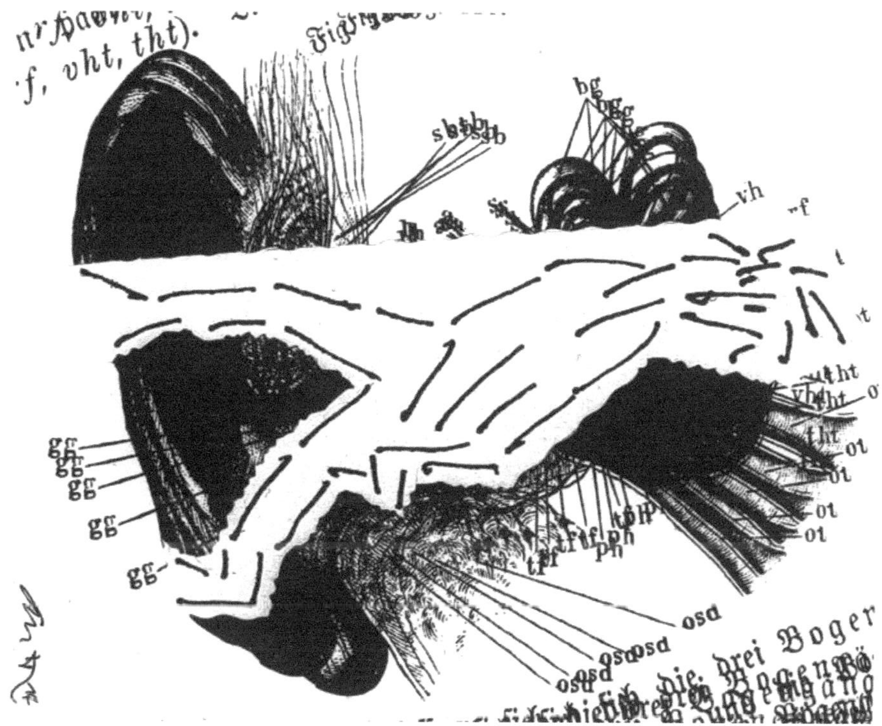

f, vht, tht).
bg
vh
gg
osd
ol
tht
ph
die drei Boger

Zegar nad bramą Buchenwaldu

Ślepy zegar nad bramą
urąga czasowi
i bielmo płaskiej tarczy
od słońca odwraca

Ale w tętnie ofiary
na karnym apelu
czas był pojęciem czasu
jak ból jest cierpieniem

i inne są miary czasu
śmierć
głód
lub zmęczenie

Die Uhr über dem Eingangstor in Buchenwald

Über dem Tod spottet der Zeit
die blinde Uhr
und wendet ihr Zifferblattweiß
von der Sonne ab

Doch in dem Pulsschlag des Opfers
auf dem Strafappellplatz
wurde die stille Geduld der Zeitbegriff
und sein Schmerz zum Leiden

Es gibt auch andere Zeitmassstäbe
der Tod
der Hunger
die Ermüdung

„Jedem das Seine“

Z umieraniem komórek
śmierć się rozpoczyna
jeszcze w świecie
a jednak
już poza tym światem

Cierpki posmak powietrza
dym z komina tłusty
żwir suchy pod stopą
i nic już poza nim

„Co się komu należy”

Żabka kopniak i pałka
sprawny gorący piec

„Jedem das Seine“

Mit dem Absterben der Zellen
beginnt der Tod
Auf der Welt noch
und schon
außerhalb von ihr

Stechender Geruch der Luft
dicker Rauch aus dem Schornstein
Kies unter den Füssen
und sonst nichts

„Jedem das Seine“

Einen Knüppel und einen Fußtritt
Einen funktionierenden Ofen

Ponad drutem

Oni z przyrodą wolność
dzielili nad drutem
który stąd niewidoczny
wyzwalał złudzenie
że z łąk wniebowstąpieniem
można sięgnąć ziemi
która nad Wisłą pachnie
tak samo jak tutaj

Über dem Drahtverhau

Mit der Natur
teilten sie die Freiheit
über dem Drahtverhau
der von hier unsichtbar
Sie machte den Eindruck
dass mit dieser Wiesenhimmelfahrt
man auch die Erde rühren kann
die an der Weichsel
ebenso duftet
wie der Boden hier

Bez grobu

Bez grobu został człowiek

Nikt nie stanął przy nim
u wezgłowia trumny
nikt grudy nie rzucił
i na ścianie cienia
nie odbił sylwetą
w rzeźbie płasko kutej

Ohne Grab

Ohne Grab blieb der Mensch

Niemand stand an seinem Sarg
niemand warf eine Handvoll Erde
und an der Wand den Schatten
hat niemand gebannt
in einer Silhouette
in den Stein geritzt

Nie puszczę ciebie…

Nie puszczę ciebie

Z tych ław w takt marsza
z podniesieniem kufli
wznosili ręce
w spienionej ekstazie
jak las gotowy
brunatnych szubienic

Nie puszczę ciebie

Oto drogi skrajem
idą postaci
w kocach
i z wózkami
bezzębne głowy
i nogi wyzute

To ich ofiary

Chyba puszczę ciebie

Ich lass dich nicht…

Ich lass dich nicht

Von diesen Bänken aufgestanden
im straffen Marschtakt
die Hände ausgestreckt
in heißer Ekstase
wie ein Wald
brauner Galgen

Ich lass dich nicht

Am Wegesrande
ziehen vermummte Gestalten
in Decken gehüllt
unrasierte Gesichter
und die bloßen Füße

Es sind ihre Opfer

Ich lasse dich doch

Dąb Goethego z Buchenwaldu

Dąb ten niezwykły
prawie drzewo krzyża
uschnięty kikut
z zardzewiałym hakiem
który człowieka
dźwigał jak żołędzie
w pełni rozkwitu
i dębowej siły

Dziś wstyd temu drzewu
że wyrosło z ziemi
z której i wielkość ducha
i pycha oprawców

Goethes Eiche aus dem Buchenwald

Eine ungewöhnliche Eiche
fast ein Kreuzholz
mit verrostetem Haken
die die Menschen
wie Eicheln
in voller Blüte trug

Es schämt sich heute die Eiche
dass sie aus demselben Boden
aus dem die Macht des Geistes
und der Hochmut der Henker wächst

Goldene Aue – Złota Niwa

Szedł chłopożołnierz
z Tomaszem Müntzerem
„Ej zboże ty płowe
będę ciebie zbierał"

Miał chłop przeciw knechtom
klątw więcej niż broni
„Ej Niwo ty Złota
jasno żagiew płonie"

Głowę kładł pod topór
i ciężko umierał
„Ej ziemio ty ziemio
głód i śmierć są nasze"

Goldene Aue

Es ging der Bauernsoldat
mit dem Thomas Müntzer
„O du fahlgelbes Korn
ich werde dich ernten“

Der hatte gegen Söldner
mehr Flüche als Waffen
„O du Goldene Aue
wie hell brennt der Zunder“

Und ließ sein Haupt dem Beile
und hart war sein Sterben
„O Erde liebe Erde
die Not bleibt nur unser“

Katherine

Bliższa ona ziemi
aniżeli niebu
o kij sękaty wsparta
nasza Katherine
relikt polskiej przeszłości
w której szła na *saksy*
z książką do nabożeństwa
i orłem w kuferku

Ona jest tuż nad ziemią
która w zamian za chleb
zażądała jej dzieci
i ojczystej mowy

Katherine

Sie ist näher der Erde
als dem Himmel Gottes
auf einen Stock gestützt
unsere Katherine
ein Überbleibsel
polnischer Vergangenheit
in der sie nach Sachsen
wanderte
mit ihrem Gebetbuch
und dem weißen Adler

Sie ist näher der Erde
die für das tägliche Brot
von ihr ihre Kinder
und ihre Muttersprache
verlangte

Skarga

Tyś pot mojego ojca
zabrała nam Ziemio…

Tyś wzrok mojego ojca
odmieniła Ziemio…

Tyś ciało mego ojca
spopieliła Ziemio…

Turyngio

Klage

Den Schweiß meines Vaters
nahmest du…

Den Blick meines Vaters
verwandeltest du…

Die Liebe meines Vaters
verachtetest du…

Thüringer Land

Listy ojca do syna

I. Wiosna

Czas gałęzie przycinać
mróz jest coraz lżejszy

Nocą jeszcze *choinki*
stoją nad miastami
jasno więc na ulicach
jak w samo południe

Śmierć sunie na dywanie
huczącym siłą maszyn

II. Lato

Duży cień zamek rzuca
mniejsze tworzą drzewa
pod nimi naszą odzież
chronimy przed słońcem

Może was tu nie zwiozą
bo byś się z siostrami
wypiekł na szczerym polu
w kolor kromki chleba

Briefe des Vaters an den Sohn

I. Frühling

Es ist Zeit
die Äste zu beschneiden
denn von Tag zu Tag
wird der Frost milder

In der Nacht stehen *Christbäume*
hoch über den Städten
es ist hell in den Straßen
wie am grellen Mittag

Der Tod ist der Bomber
dröhnender Teppich

II. Sommer

Einen großen Schatten wirft das Schloss
kleinere – bilden die Bäume
Unter ihnen schützen wir die Kleider
vor der heißen Sonne

Vielleicht bleibt ihr daheim
denn mit deinen Schwestern
würdest du im Felde
wie ein Brot geröstet

III. Jesień

Chciałbym do was przyjechać
po tych kilku latach
lecz jeszcze nic pewnego
donieść wam nie mogę

Wspólnie będziemy cierpliwi
w takiej konieczności
deszcz coraz częściej pada
i zimno na drogach

IV. Zima

Wieści z domu szukamy
wśród długawych kolumn
które białe i zimne
zjeżdżają na zamek

Dzieli nas strefa frontu
od bliskiej przemiany
list mój zawrócił z drogi
i nie wiem co u was

III. Herbst

Ich möchte euch besuchen
Mal nach vielen Jahren
doch diese Zusage
kann ich euch nicht geben

Geduld ist was uns rettet
in den schlimmen Tagen
Öfter fällt der Regen
und öd' sind die Wege

IV. Winter

Die Folgen für uns erwarteten wir
aus den Flüchtlingswagen
die verschneit und frostig kamen
bis zu diesem Staatsgut

Die Frontzone trennt uns
von jäher Veränderung
mein Brief blieb *unzustellbar*
und erregt Besorgnis

Allstedt

Dla ciebie ojcze był to
cały rozdział życia
otwarty przyjazdem
zamknięty wyjazdem
okres otwarty stacją
i stacją zamknięty

Jeśli zaś z niepokojem
wysiadałeś tutaj
to z nie mniejszą rozterką
wchodziłeś do domu

Allstedt

Für dich mein Vater
war das ein ganzes
Lebenskapitel
das mit der Hinfahrt geöffnet
und mit der Rückfahrt geschlossen
ein Teil deines Lebens
das auf dem Bahnsteig begann
und auf dem Bahnsteig endete

Als du in Unruhe
hier ausgestiegen bist
kehrtest du in Ungewissheit
unschlüssig heim

Wolfram z Erfurtu

Światło na twoje grzechy
wyniosłą w mrokach postać

Jeśli grzesznikiem jesteś
to chyba feudałów
nadużywałeś prawa
by potem z cierpkich monet
postawić ten odlew
głuchy jak mur świątynny
lub serce bogacza

Wolfram zu Erfurt

Licht auf deine Sünden
auf die große
in der Dämmerung Gestalt

Falls du ein Sünder bist
dann hast du bestimmt
das Unrecht der Feudalen
in derbe Münzen verwandelt
um dir den Abguss zu stiften
der stumm ist wie die Domwand
oder das Herz eines Reichen

Powrót Franciszka Liszta

Ten powrót nie ma w sobie
nic z patosu

Nie było mnie – jestem
po latach dziesięciu
spędzonych nad Tybrem
albo nad Dunajem

Włos bielszy na głowie
szaty nieco inne
i ręka bogatsza
o skupienie ducha

Może to tylko własna
więc złudna ocena

Pod oknem stoi bechstein
więc usiądę przy nim
i światło w świeczniku
zapłonie tak samo

Franz Liszts Heimkehr

Ohne Pathos
die Heimkehr

Abwesend war ich
Ich bin wieder hier
nach diesen zehn Jahren
die ihre Tage zählten
am Tiber
und an der Donau

Etwas grauer das Haar
geändert die Kleidung
die Hand ich fühl sie sicher
reicher der Gedanke

Vielleicht ist es nur meine
also irrige Täuschung

Am Fenster so wie einst
steht der schwarze *Bechstein*
und die Kerze im Halter
leuchtet auch wie damals

W pokoju Goethego

Nie jest złożoną prawda
w tej surowej izbie
w której wielkość wieszcza
objąć mogło łóżko

Oto od słońca daszek
przedmiot prawie tandetny
wieńczył to samo czoło
co wieniec laurowy

Goethes Sterbezimmer

Schlicht ist hier die Wahrheit
in dem schlichten Zimmer
in dem diese Bettdecke
die Dichtergröße umhüllte

An der Wand hängt ein Augenschirm
der auf derselben Stirn war
auf der nun der Lorbeer
für uns immer grün bleibt

Cmentarz w Weimarze

Wasz Weimar teraz tutaj

Oto przepłoszeni
turystycznym gwarem
wyszliście z domów waszych
i domy te puste

Wśród szeptów i szmerów
słychać zaśpiew popa
i dźwięk drobnej monety
na cynowej tacy

Weimarer Friedhof

Verscheucht durch das Menschengetümmel
seid ihr aus eurer Grabstatt geflohen

Zwischen Flüstern und Zischeln
der Gesang des Popen
und der Klang kleiner Münzen
auf dem Zinntablett

Dzwon na Ettersbergu

W sile dzwonu
pogarda jest
dla świata podłych
i wolność
w czystym dźwięku
pośród lotu ptaków
i przestroga
w powadze
głębokich uderzeń

Oto czas jest nad śmiercią
warstwa ponad warstwą
jak ciała wtłoczone
w dwa cmentarne leje
albo jak sprawiedliwość
która nad bezprawiem

Die Mahnglocke auf dem Ettersberg

In der Macht der Glocke
schwingt Verachtung gegen
die Welt der Gemeinen
und Freiheit
in hellem Klang
inmitten der Vögel
und Warnung
in dem tiefen Geläut

Die Zeit ist über dem Tode
Jahrhundertschichten
wie die gepressten Leichen
in dem hohlen Trichter
und wie das Gerechte
das über dem Unrecht

Dwie mowy

Arminowi Müllerowi

Choć mowa brzmi różnie
słowo jest za słowo
które budowie służy
tak jak rusztowanie
wbite swobodną ręką
pod sam błękit nieba
…i prawda za prawdę

Zwei Sprachen

für Armin Müller

Obwohl deine Sprache
anders klingt als die meine
Wort ist für uns Wort
das dem Bau so nötig
wie ein festes Gerüst
mit freier Hand errichtet
empor dem blauen Himmel
…und Wahrheit für Wahrheit

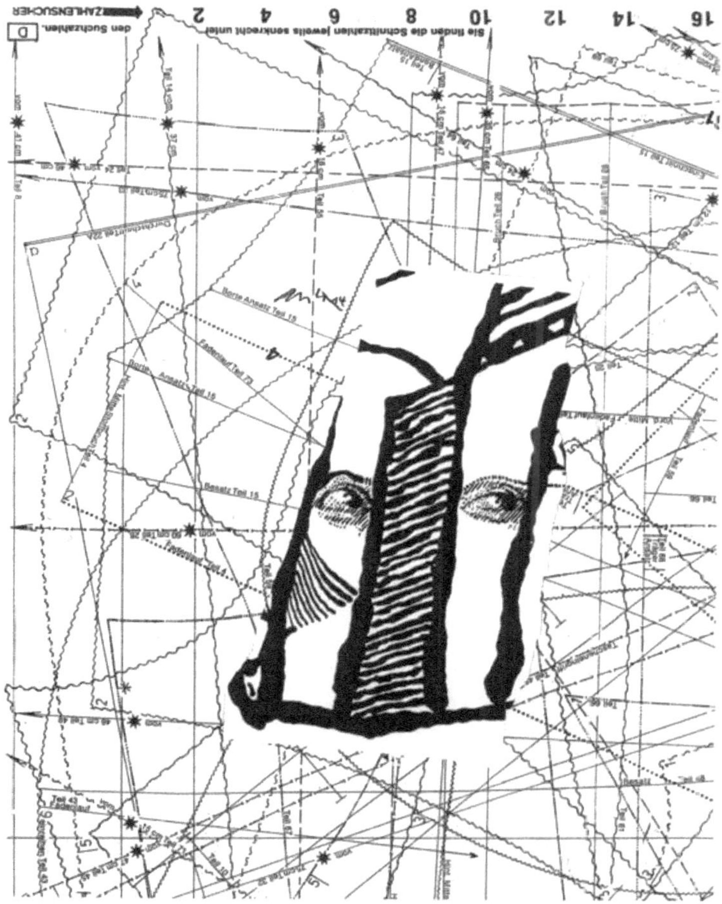
ZAHLENSUCHER
Sie finden die Schnittzahlen jeweils senkrecht unter den Suchzahlen.

Maszkarony

pod nimi dziad kantyczki śpiewał
albo nabożne antyfony
choć wcale nie były świętymi
maszkarony –
łby kamienne
odwrócone
na wschód i zachód
północ lub południe
wczoraj
dziś
jutro

czy wykuł by je Fidiasz
takimi jakie są
czy boli je głowa

nie

im nie droga do nieba
biedronki
ale diabeł złej pogody
na karku
i śnieg
i deszcz
w oblicza
paralityków
epileptyków
debilów

może to tylko maski tragiczne

Maskarone

ein Bettler sang an der Kirchenmauer
obwohl Maskarone keine Heiligen sind
Maskarone –
steinerne Köpfe
nach Osten und Westen
nach Norden und Süden
gerichtet
gestern
heute
morgen

würde sie Phidias
so schaffen wie sie sind
als ob sie Kopfschmerzen haben

nein

für sie gibt es
keinen Weg in den Himmel
wie für den Marienkäfer
sondern Fratzen
am Hals
und Schnee
und Regen
auf verzerrte Gesichter

vielleicht sind es nur tragische Masken

nie

kamień łupany
na masce
pod maską
kamień
bolesnej pantomimy

nie chcę być grozą
zaklętą w ten sam mimiczny wyraz
między ostatnim ciosaniem dłuta
a pierwszym uderzeniem młota
aby dzieci nie śniły po nocach
upiornego maszkarona

nein

es ist die Maske
leidvoller Pantomime
in gespaltenem Stein.

ich will kein Grauen sein
in ein steinernes
Gesicht gebannt
zwischen letztem Behauen des Meißels
und erstem Schlag des Hammers
damit Kinder im Schlaf
von den unheimlichen Maskaronen
nicht träumen müssen

Pietà cygańska

Przy głowie koniokrada
madonna w kolory papuzie
mrok przy niej cichy siada
jak głaz

Cygan w jeziorze cekinów szukał
czy gwiazd?

Pietà w taborze

Żółty się toczy wóz – księżyc
w dolinę
bez koniokrada
Nieszczęścia takie są duże
jak las

Zigeunerpietà

Am Kopf des Pferdediebes
Madonna im Papageienbunt
wie ein Findling
so sitzt ein stilles Dunkel daneben

Zechine oder Sterne
suchte er im See?

Pietà im Zigeunerlager

Der gelbe Wagen
rollt wie der Mond
ins Tal
ohne den Pferdedieb
Unglücke sind unermesslich
wie ein Wald

Czekanie

Czekanie
jest pieprzem wysypanym w oczy
albo chininą
Czekanie
jest drogą wyssaną żółcieniem słońca
której szczyt
może mieć
posmak małmazji

Warten

Warten
ist wie Pfeffer in Augen gestreut
oder Chinin
Warten
ist wie ein ausgesaugter Weg
durch das Gelb der Sonne
dessen Höhepunkt
kann den Geschmack
des Malvasiers
haben

Odjazd

Bilety różnobarwne
jak confetti cętkujące włosy
przytulonych par
w tanecznym korowodzie

Kalejdoskop fizjognomii
nanizanych
na ogon kolejki
przed kasą

Dla mnie bilety
mają odcienie
stacji
                    Rozterka
                    Nadzieja
                    Zwątpienie

Czekam na peronie
z zielonym kartonikiem
.
Staję się potrącanym intruzem
w kopcu termitów
wyważających zatłoczone drzwi pociągów
                    w których nie ma dla mnie miejsca

Abfahrt

Vielfarbene Fahrkarten
wie Konfetti im Haar
im Reihentanz
der sich anschmiegenden Paare

Kaleidoskop der Physiognomien
Aufgefädelt
in der Reihe der Menschen
vor der Kasse

Fahrkarten für mich
tragen eine Abtönung
der Stationen
        Zwiespalt
        Hoffnung
        Verzweiflung

Ich warte auf dem Bahnsteig
mit grüner Fahrkarte
in der Hand

Und wurde ein ausgestoßener
Außenseiter
in der Menge
die die Wagentür aufstoßen möchte
am Zug in dem es für mich
keinen Platz mehr gibt

Dzban

Gliniany stoi
w szafie dzban
pachnący żytnim podwieczorkiem
dzban o żółtej polewie

W jej zwierciadle
babka związywała włosy
Dziś glazura spękana
skacze wieczornym odbiciem ognia
i dudni jego głębia pusta

Gliniany stoi
w szafie dzban
wyschłe
kojący usta

Der Krug

Es steht im Schrank
ein tönerner Krug
lockt wie eine Sommervesper
ein Krug wie Bienenhonig gelb

In seinem Spiegel
kämmte die Großmutter ihr Haar
Heute flimmert das Abendfeuer
in der rissigen Glasur
und es rauscht
seine hohle Leere

Es steht im Schrank
ein tönerner Krug
der linderte einst
die durstige Kehle

Sen

Na pielgrzymim kosturze
kaptur martwo zwisł
na halabardzie
pordzewiałe klucze
opończa na gwoździu
bzu wyschnięta kiść
i pod belką jaskółczą
ludzki bardzo smutek

Kosturem mi w okno
czy ktoś halabardą
zastukał –
otwarłem
mgły spadały ranne
i wokół nikogo
dzień polami szedł
ptak skrzydłem potrącił
przydrożną dziewannę

Traum

Auf dem Pilgerstab
die schlappe Kapuze
auf der Hellebarde
verrostete Schlüssel
der ärmellose Mantel
auf dem Haken
ein verdorrtes
Büschel Holunder
und am Schwalbennest
die menschliche Wehmut

Mit dem Pilgerstab
oder mit der Hellebarde
klopfte jemand
an mein Fenster –
ich öffnete
es war jedoch
nur der Frühnebel da
und rundum niemand
bloß der Tag ging
durch die Flur
und ein Vogel
rührte mit dem Flügel
die am Wegrand
wachsende Königskerze

Ptak ognisty

Widziałem płomień
dzwon się rozkołysał
zgiełk rósł na mostach
świat się więc
przechylał

Widziałem płomień
w nim zmienione
twarze
ostrze bagnetu
wbite w serce świata

Widziałem płomień
ptaka świetlną kulę
umknąć chciał z ognia
lecz z tym ogniem
latał

Der brennende Vogel

Ich sah die Flamme
die Glocke fing an zu schaukeln
Tumult auf den Brücken
die Welt neigte sich
der Gefahr entgegen

Ich sah die Flamme
in ihr verwandelte
Gesichter
die Klinge des Bajonetts
ins Herz der Welt
einschlagen

Ich sah die Flamme
den Vogel als eine
Leuchte

Das Feuer will er
von sich abstoßen
doch er entfloh
als Flamme

Aktor

Tu gest
a pióra? Są jak były pióra
Maska już spadła
i aplauz znikomy
choć się należy
piórom lot pionowy
Dobądź więc miecza
Broń ta mi przyciężka
i lotność piórem
przycina jak zdrowie
Smutek zapada
więc pokłon smutkowi
nad jednym drugim
skromne rekwizyty
iluzją zwodzą
po zejściu postaci

Der Schauspieler

Hier die Geste
        und die Feder? Sind sie wie sie waren
Herabgefallen die Maske
        und minderer Beifall
obwohl den Federn
        ein vertikaler Flug zusteht
Greife also zum Schwert
        Die Waffe ist zu schwer –
sie stützt sowohl die Flugfähigkeit
        als auch das Befinden
Es neigt sich die Trauer
        für sie die Verbeugung
über die eine die andere
        schlichte Requisite
sie täuschen mit einem Wahnbild
        nach dem Abgang von der Bühne

Usta prawdy

Ja jeszcze tobie ufam
Stój zaczekaj dokończę
Oto usta są prawdy
więc ty swoje tu dołącz
i powtórz co mówiłeś
kładąc rękę głęboko
między wargi mięsiste
między zęby z kamienia

Nie zrobisz
Wiem bez tego
Swoim słowom nie skłamiesz
moim nie zaprzeczysz
Nie nie powiem nikomu
Ty już pozostaniesz
sam na sam z sumieniem

Wahrheitsmund

Ich traue dir noch
bleib stehen warte
bis ich zu Ende bin
Da ist der Wahrheitsmund
also schließe auch dich an
und wiederhole was du gesagt hast
und stecke die Hand tief
zwischen fleischige Lippen
zwischen Zähne aus Stein

Das tust du nicht
Ich weiß es ohnedies
Deine Worte verneinst du nicht
die meinen ja auch nicht
Ich sage es niemandem
Und du verbleibst
ganz allein
mit deinem Gewissen

Z kością

Mógłbym kości skupować
biegać z kością w pysku
w skos rynku
w uliczkach
tuż obok rakarni

Lecz czy to mi warto
umykać przed psami
z pozostałością
po tłustym rosole
z surowcem przednim
dla fabryki mydła

Wstydu nie zrobię
posiedzę za biurkiem
z golenią w zębach
jak pies

Mit Knochen

Ich könnte Knochen kaufen
und mit Knochen im Maul laufen
quer über den Markt
durch die Gassen
neben der Abdeckerei

Ob es sich aber lohnt
die Flucht vor den Hunden
mit Überresten
der fetten Rindbrühe
mit erstklassigem Material
für die Seifenfabrik

Schande bringen möchte ich nicht
und bleibe am Schreibtisch
mit dem Schienbein im Munde
wie ein Hund

Drzwi

Zatknij świecę nad nimi
na futrynie woda
święte ziele
i krzywda
rudej listonoszki
zawisła jak kita
pod futryną zwisa
spierzchnięta spłowiała
z bólem w sierści ostatnim
na mękę na żegnanie
na wschód i na zachód
na moje na twoje
na srebrne i złote
na śmierć i na życie
stoję człowiek wątpiący
przy drzwiach odemkniętych
i proszę dziś wody
i więdnę na przekór
tej zieleni
tej wodzie
i tym drzwiom
z tamtej strony

Die Tür

Steck die Kerze über die Tür
am Türrahmen Wasser
heiliges Kraut
und das Unrecht
der rothaarigen Briefträgerin
hängt wie der Schweif
schrundig und ausgeblichen
mit letztem Schmerz im Fell
für Qual für Abschied
gen Osten gen Westen
auf meine auf deine
auf silberne und goldene
auf Tod und auf Leben
stehe ich als zweifelvoller Mensch
vor der leicht geöffneten Tür
und bitte heute um Wasser
und welke zum Trotz
dem Grün
dem Wasser
und der Tür
von der anderen Seite

Wiatr

...die Antwort mein Freund
weiß ganz allein der Wind

Ów wiatr
który hełmy strąca
z żołnierskich krzyży
ów wiatr
który szumi w koronach
cmentarnych drzew
ów wiatr
który chmury
który deszcze
który pieśni przenosi
ów wiatr
który przesłania
obrazy pamięci
ów wiatr
twarz moją smaga
w ten deszcz

Der Wind

… die Antwort, mein Freund,
weiß ganz allein der Wind

Der Wind
der die Soldatenhelme
von den Kreuzen hinabstürzt
der Wind
der rauscht in den Kronen
der Bäume auf dem Friedhof
der Wind
der Wolken
der Regen
der Lieder bewegt
der Wind
der Bilder
im Gedächtnis verschleiert
der Wind
der mein Gesicht streift
im Regen

* * *

Bo starców woła
wiek poprzedni
    więc chciwie dybią opuszkami
    nasłonecznionych murów stronę
    i opukują rosłe dęby
        próbując twardość swego drzewa
Bo starców woła
wiek poprzedni

* * *

Denn Greise rufen
das vergangene Jahrhundert zurück
mit Fingerkuppen
tasten sie gierig
an der besonnten
Seite der Mauer
und beklopfen große Eichen
die Härte ihres Holzes prüfend
Denn Greise rufen
das vergangene Jahrhundert zurück

Kwiat

Ma każdy kwiat
śmierć w sobie
cichą
Więc przez to ogrody
są niby cmentarze

Blume

Jede Blume hat in ihrem Innern
ein stilles Sterben
Somit sind Gärten
den Friedhöfen ähnlich

Jan i Jakub

Z tych dwóch
        nikt lepszy
Obaj w równej wadze
        po pas przecięci
kołysać się nie mogą
        ani zbliżyć
jeden do drugiego
        ani się dotknąć
lub schwycić za ręce
        choć prześwit tylko
na szerokość dłoni
        może na grubość
wszystkich pięciu palców
        lecz wciąż niezmienny
Jana od Jakuba
        lub od Jakuba
dzieli znowu Jana
        jakby wymierność
była w równym czasie
        wciąż wokółkrążnym
dokoła swej osi

Od wieków bracia –
        niby obcy sobie
z tym umartwieniem
        zostają i na noc
z tym umartwieniem
        znów w dzień każdy wchodzą
aż po kres przykry
        wspólnego istnienia

Johann und Jakob

Von den zweien
ist keiner besser
Beide im Gleichgewicht
nur mit Oberkörper
sie können sich nicht messen
und auch nicht näher sein
auch nicht berühren
an den Händen fassen
obwohl nur ein Lichtspalt
kaum breiter als eine Hand
oder dick
wie alle fünf Finger
jedoch stets beständig
trennt Johann von Jakob
oder Jakob von Johann
als ob das Messbare
sei in gleicher Zeit
stets rundumkreisend
um die eigene Achse

Seit Jahrhunderten Brüder –
scheinen sie sich fremd zu sein
mit diesen Martern
verbringen sie die Nacht
mit diesen Martern
wachen sie wieder auf
bis an das unerträgliche Ende
des gemeinsamen Daseins

Cieszmy się…

Cieszmy się głośno bracia
Śmiech sprzyja nadziei
    jak słońce dojrzewaniu
    zboża w dobrym lipcu
Cieszmy się głośno bracia
Śmiech sprzyja też zemście
    jak nocnym porachunkom
    cień sprzyja na niebie
Cieszmy się też ponuro
    aż echo odbije
        od kocich bruków rynku
            sąsiedzkie ekstazy
    na sto mil jak strzelił
        a może i dalej

Freut euch…

Freut euch laut Brüder
Lachen begünstigt Hoffnung
    wie Sonne das Reifen
    des Getreides im guten Monat Juli
Freut euch laut Brüder
Lachen begünstigt auch Rache
    wie der Schatten am Himmel
    bei nächtlichen Konflikten
Freut euch auch düster
    bis das Echo widerhallt
        vom Katzenkopfpflaster
           des nachbarlich ekstatischen Lärms
    hundert Meilen weit
        und vielleicht auch weiter

Winnice

To dachy są pagód
szczerby tak spiętrzone
że przebiec je można
skacząc jak po stopniach
ze słońcem w ramionach
po same wierzchołki

i czerpać powietrze

twarz chłodząc listowiem
lub z miąższem spijając
samo cenne życie
zanim winne grona
w wiklinowych koszach
uniosą dziewczyny
ku dębowym kadziom

Weinberge

Den Pagodendächern ähnlich
so typisch gestuft
dass man sie hüpfend
durchlaufen kann
mit Sonne in den Armen
bis an die Gipfel

und Luft dabei schöpfend

das Gesicht mit Blättern
oder mit Fruchtfleisch kühlend
das kostbare Leben trinkend
bevor junge Frauen
in geflochtenen Weidenkörben
Weintrauben
in eichene Bottiche tragen werden

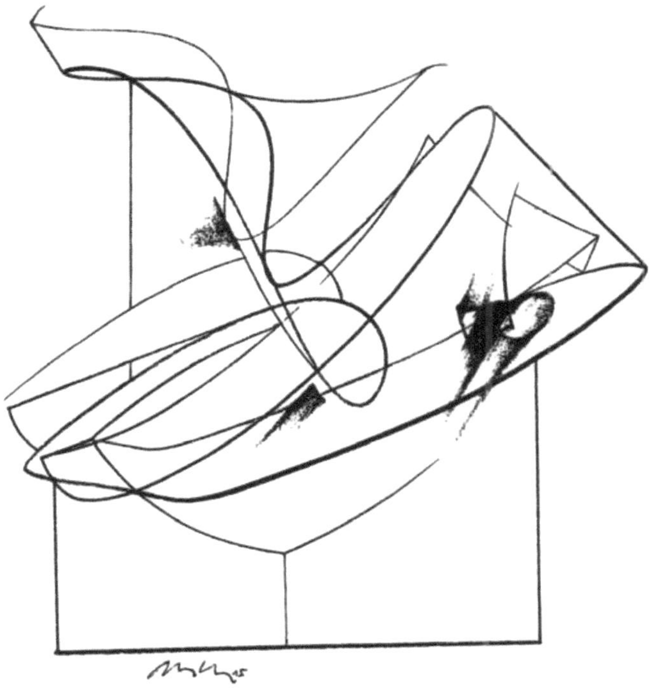

Zbieg

On jest potrzebny –
Na złamanie karku
puścić w obrębie
można do tych granic
lecz ani kroku
wyjść mu poza wszystkie
te które obszedł
i będzie próbował

on który krąży –
zbrodniarz
w miejscu zbrodni
a może tylko
zbieg
co chciałby przeżyć
chociaż noc jedną
przy rodzinnym stole
a żyje tylko
ciągle na orbicie

On jest potrzebny –
tak jak surowica
która zakaża
lecz
skażeniem leczy

Flüchtling

Er ist notwendig –
Hals über Kopf hinaus
kann man ihn lassen
innerhalb der Grenzen
und keinen Schritt weiter
außerhalb zu gelangen
die er abgelaufen
und er wird's versuchen
er der kreist –
Verbrecher
am Tatort
oder vielleicht
Flüchtling
der wenigstens eine Nacht
am Familientisch
verbringen möchte
lebt jedoch stets
auf der Umlaufbahn –
Er ist so nötig
wie das Serum
welches ansteckt
und durch Ansteckung
heilt

Widok

Gdyby drzwi otwarł do mnie
        on co świat mój odsłaniał
a potem zapadł w sypkość
        kruchy jak ludzka pamięć
ściany by odpryskami
        tynków białych strzelały
odsłaniając go we freskach
        chorobliwych starością

Lecz do mnie nie zastuka
        bo wartościując stawki
dziś pod pręgierzem stanął
        niespokojną drobiną
ruchliwą wewnątrz siebie
        jak w kropli wody bakcyl

Anblick

Hätte er die Tür zu mir geöffnet
    er der meine Welt enthüllte
um dann in Lockerheit zu versinken
    brüchig wie das menschliche Gedächtnis
Wände mit abgesprengtem weißem Putz
    enthüllten ihn in Fresken
kränklich entsprechend dem Alter

An meine Tür wird er nicht klopfen
    denn seinen Einsatz überdenkend
steht er heute am Pranger
    als bewegtes Teilchen
regsam in seinem Innern
    wie ein Bazillus
in einem Tropfen Wasser

Kto sieje spokój

Mnie nie kazano
siać ani też zbierać
mnie nie kazano
mówić ani pisać
mnie tylko w ogień
jak iskrę pod prochy
rzucono abym
milcząco wybuchał
nad pokoleniem
jak rozbłysk atomu

A ja co rano
pracuję w skupieniu
co wieczór mówię
lub na przemian piszę
o dniach minionych
zgiełku i pochodów
aby siać spokój
i odbierać ciszę

Wer Ruhe sät

Mir sagte man nicht
dass ich säen und ernten soll
Mir sagte man nicht
dass ich sprechen und schreiben soll
Mich hat man ins Feuer
wie einen Funken ins Pulver geworfen
damit ich schweigend
explodiere

Jedoch jeden Morgen
konzentriere ich mich auf meine Stellung
und jeden Abend spreche
oder abwechselnd schreibe ich
über vergangene Tage
des Tumults und der Straßenumzüge
um Ruhe zu säen
und Stille zu empfangen

Orędownicy

Orędownicy matki mojej przyszli
bez złota w kabzie
i bez pistoletu
Ale mścicielom
potrzebne jest dłuto
które gdy żłobi
rysy pozostawia
prawie szlachetne
i pewniejsze chyba
niżeli w diamencie
szczerby zwyrodniałe
Niech będzie spokój
bo spokój matki
jest jak pieszczota
na obliczu syna
albo jak krople
deszczu po spiekocie

Fürsprecher

Fürsprecher meiner Mutter kamen
ohne Gold im Geldbeutel
und ohne Pistole
Aber Vergelter
brauchen einen Meißel
der wenn er stemmt
Sprünge hinterlässt
nahezu edel
und zweifellos sicherer
als im Diamant
entartete Scharten
Ruhe ist nötig
denn Ruhe der Mutter
sei wie Liebkosung
auf dem Gesicht
des Sohnes
oder wie Regentropfen
nach einer
Sonnenglut

Dol Rybárna

Sergiusz Sterna-Wachowiak

Bürger der Republik der Dichter

Von der Poesie des Eugeniusz Wachowiak

Das bisher letzte Buch von Eugeniusz Wachowiak ist *Cud prawdziwy. Almanach* (2011, *Ein wahres Wunder. Ein Almanach*), ein bibliophiler Auswahlband, der in einer Auflage von hundert signierten Exemplaren erschienen ist. Es ist gleichzeitig ein Lyrikband wie auch eine Anthologie von Übersetzungen. Das Buch besteht aus der *Anrufung* des Autors, seines Gedichtes *Prośba o pojednanie* (*Bitte um Versöhnung*), sowie seiner Übertragungen deutscher Lyriker, sowohl bereits publizierte Werke als auch Erstveröffentlichungen. Darunter befindet sich die erste polnische Version des *Todestanzes* von Friedrich Schult (1967), eines Dichters, der lange Jahre als Assistent von Ernst Barlach in seinem Atelier am Heidberg in Güstrow tätig war. Die Graphik auf dem Buchumschlag ist eine Reproduktion der Arbeit des Berliner Malers Horst Bartsch, eines mittlerweile verstorbenen Freundes des Dichters und Übersetzers Eugeniusz Wachowiak.

Es ist ein besonderer Band, denn es kommt selten vor, dass ein Lyrikbuch eine so konsequente Botschaft in sich birgt. Sein Leitmotiv ist die Vergänglichkeit und der Tod. Die Eschatologie stellt hier den einzigen Erlebnisraum dar, auf den sich der Autor konzentriert. In ihren Grenzen bewegen sich alle Gedichte des Bandes. Sie wenden sich alle in verschiedenster Weise in Richtung Geheimnis des Todes, der Furcht, der Unsicherheit, oder wie Søren Kierkegaard es formulierte: Furcht und

Zittern. Doch gleichzeitig bewegt sich diese Lyrik auf die Hoffnung zu, die beginnend bei der *Anrufung*, einer persönlichen Reflexion über das *memento mori* – als die schon im Titel evozierte Kategorie des „wahren Wunders" zurückkehrt; inspiriert von dem Gedicht *Wielki Piątek* (*Karfreitag*) von Jan Lechoń, der den Band abschließt: „Je schwieriger ein Wunder, desto wahrer ist es".

Abgesehen von der Dynamik aus Furcht und Hoffnung – denn der *Almanach* will mitnichten vor Trauer strotzen – ist der Band durchdrungen von einer anderen Antinomie: jener aus Intimität und Distanz. Diese Kategorie des Widerspruchs ist unvermeidlich in einer Poesie, die sich mit der Metaphysik der Vergänglichkeit beschäftigt. Man kann sie in beinahe jedem Gedicht aus der Anthologie erkennen, es ist offensichtlich: die Intimität ist eine Garantie für die Verständigung mit einem anderen Menschen, der sich in derselben Bedrängnis befindet – und die Distanz ist das Geheimnis der Schönheit, behaupte ich nach Arthur Schopenhauer, der sich ebenfalls mit den Korrespondenzen zwischen Kunst und Sterben befasst hat. Ohne die Distanz bleibt uns nur der rein physiologische Tod, bar jeglicher transzendentaler Schleier; es ist ein metaphysischer Skandal, ein Ereignis der Natur bloß – wegen dem viele Menschen nicht im Stande sind, sich mit der Natur auszusöhnen, sich ihren Gesetzen unterzuordnen. Es ist unser einziges wahres Problem mit der irdischen Existenz, dem wir die Kunst, die Philosophie, die Theologie verdanken – und angesichts dessen wir doch so hilflos sind, ohne jegliche Prothesen, Hilfsmittel, ohne die Distanz. Die Distanz nämlich, als das Geheimnis der Schönheit, bringt uns Erhabenheit; nicht des Todes, sondern des verstorbenen Menschen, seines toten Körpers. Ohne diesen philosophischen Abstand

gegenüber dem Phänomen des Todes entsteht, wie beispielsweise in den Gedichten von Adam Zagajewski, eine Schönheit, die kalt wie Kunstblumen ist, wertlos wie Plastikschmuck.
Bei wahren Künstlern schließt die Distanz gegenüber dem Tod die Intimität der Erlebnisse nicht aus, mitnichten, sie erhebt den Menschen im Elend seines Schicksals mit Hilfe von Form und Sprache – Ausdrucksmittel, die als Vehikel der poetischen Empathie, des Mitgefühls, des Miserabilismus verwendet werden können. Für jeden, der sich mit der Lyrik von Eugeniusz Wachowiak auseinander gesetzt hat, ist es keine neue Erkenntnis. Das Motiv des Entsetzens gegenüber dem Geheimnis der Existenz, oder, sanfter formuliert, der existenziellen „Schwalbenunruhe“ begleitet dieses Werk bereits seit dem Debütband *Afryka poety* (1958, *Afrika des Dichters*). Es ist sogar schon in den ganz frühen Gedichten erkennbar, die in diesem Band nicht enthalten sind und die vor dem Debütband entstanden sind, in der Mitte der fünfziger Jahre des zwanzigsten Jahrhunderts, und die vor allem für Veröffentlichungen in Literaturzeitschriften gedacht waren.

Sogar offizielle, vor allem historische Themen stören den Dichter nicht dabei, seiner Leidenschaft nachzugehen. Es sind Texte, die in späteren Lyrikbänden Wachowiaks enthalten sind, beispielsweise in *Powstańczy polem wiedzie ślad* (1978, *Der Aufständischen Spur führt über das Feld*), das dem Großpolnischen Aufstand gewidmet ist, *Co nam obca przemoc wzięła, kosą odbierzemy* (1982, *Was uns die fremde Macht genommen, holen wir uns mit der Sense zurück*), das dem Völkerfrühling gewidmet ist, oder *Płonąca satnica* (1988, *Brennende Standarte*), das sich mit der Teilnahme der großpolnischen Bevölkerung an nationalen Aufständen und der Widerstandsbewegung zwischen 1794 und 1944 befasst. Hinzu kommen zahlreiche Gedichte, die den Zweiten Weltkrieg thematisieren, wie das von Celans *Todesfuge* und Chagalls Malerei inspirierte Poem *Herszełe und Ryfkełe* (1990). Dies sind, wie Miłosz einst sagte „Formen mit mehr Fassungsvermögen“, die Gedichte, Dokumente und Prosa zu einer Einheit verbinden. Sie äußern sich, so Wachowiak, in einem Wort, das aus der Materie der Tatsachen entspringt, in Versform, und wo es nötig ist, in Prosa. Die Strophen dieser historischen Poeme verbergen in ihren Strukturen jenes für Wachowiak typische Leitmotiv des Lebens, der Vergänglichkeit und des Todes, chiffriert in Rhythmus. Es ist auch Jacek Sykulski aufgefallen, einem Komponisten, der vor einigen Jahren sich daran gemacht hat, das Werk *Der Aufständischen Spur führt über das Feld* zu einer Komposition von oratorisch-kantatischem Charakter zu übertragen, ausgelegt für Chöre und Symphonieorchester. Ich habe damals mit Sykulski zusammengearbeitet, der mir irgendwann sagte, dass ihn dieses Gedicht, das er ja selbst ausgesucht hatte, einerseits angezogen hatte, und andererseits den Zugang zu sich verwehrte. Er hatte Schwierigkeiten damit, konnte in dem Text keinen Platz für sich finden, denn Wachowiaks Strophen wollten sich offensichtlichen Rhythmus-Regeln nicht unterordnen; sie ließen nicht zu, dass der Komponist ihnen seine Rhythmisierung aufnötigte. Sykulski erkannte damals den unbeugsamen, rauen, harten Rhythmus, der einer konsequenten Evolution untergeordnet war, vom Dichter in den Zeilen verewigt. Am Anfang, zu Beginn der Geschichte des Großpolnischen Aufstandes, wenn auch nicht unbedingt in dieser Reihenfolge im Poem, erinnert der Rhythmus an die Schritte eines gequälten Menschen, später an die Schritte eines hoffnungsvollen Menschen, an einen

Weckruf, Kundgebung, Euphorie, dann an jemanden, der marschiert, attackiert, kämpft, um schließlich die Schritte bei einem Trauerzug anklingen zu lassen. In diesem Schrittrhythmus ist der Verlauf einer konkreten historischen Begebenheit inskribiert, und auch der Pfad der Eschatologie des Menschen als solchen, in dessen universelles Schicksal die Unruhe, die Hoffnung, die Furcht, die Rebellion, das Zittern und schließlich der Tod eingeschrieben sind.

Dieses Motiv, wiedergegeben in aufgewühlten Rhythmen, ist ebenfalls präsent in anderen thematischen Strängen der älteren Lyrikbände von Wachowiak. In *Afrika des Dichters*, in der nach Jahren veröffentlichten Sammlung früher Gedichte *Woda dla dropia* (1987, *Wasser für die Großtrappe*), in *Przed snem niepokój* (1962, *Unruhe vor dem Schlaf*), *Spokojna scheda* (1963, *Ruhiges Erbe*), *Zmaganie z lwem* (1965, *Ringen mit dem Löwen*) – wobei ich am meisten die Gedichte aus *Afrika des Dichters* und *Wasser für die Großtrappe* schätze – erscheinen untypisch barocke, doch in barocker Absicht eingesetzte Mittel des poetischen Ausdrucks: Metaphern, Bilder, eigenartige Worte, selten, speziell erdacht gar, sonderbar an Neologismen erinnernd; diese Worte lassen vielfache Bedeutungen anklingen und muten manchmal vergangen an – doch gleichzeitig sind sie begleitet von einer Stimmung, die man ewige Verwunderung, unvergängliche Schönheit des Staunens oder einfach unvergängliche Schönheit nennen kann. „Mit diesen Worten zu schießen macht mehr Spaß, als Knallteufel auf Steine zu werfen – schreibt der Autor in *Unruhe vor dem Schlaf*. – (...) Darin sind mehr Farben enthalten als in einer Pinakothek. Über eine solche verfüge ich nicht. Ich picke mir aus dem Kuchen der Wörterbücher die Rosinen heraus“. Das Wort, das die Aufmerksamkeit fesselt, das immer wieder verwundert – währt, ist attraktiv für den Dichter, es vergeht nicht in der Geschichte der Sprache, auch wenn seine Bedeutung und sein Sinn verwischen mögen. „So geschieht es fast immer, wenn der Dichter seine Worte aufmerksam beobachtet. Er merkt an, dass diese Worte wie Vornamen sind, und dass sie das Einzige darstellen, was von der Vergangenheit übrig bleibt, nach dem alten Topos «*nomina nuda tenemus*»" – bemerkt Piotr Łuszczykiewicz in seinem *In Finsternis und im Licht* betitelten Essay, der Wachowiaks Lyrik gewidmet ist.

Die poetische Attraktion, voller Leben, Vergänglichkeit und Tod, was sich zu einer durchschnittlichen menschlichen Existenz zusammenfügt, ich würde sagen, zu unserem natürlichen, arteigenen Alltag, in dem wir geboren werden, aufwachsen, lieben, Familien gründen oder auch nicht, alt werden und fortgehen – entsteht bei Wachowiak durch das Aufzeigen des biologisch determinierten, menschlichen Lebens vor dem Hintergrund der Provinz, der Kleinstadt. Dies geschieht, um einen Ausdruck unseres Schicksals und unserer Bestimmung entstehen zu lassen, und all dem einen weisen Kommentar beizugeben. Die menschliche Existenz tritt vor diesem Hintergrund klarer hervor, ist näher an der Natur, natürlicher; und so wird ihre Qualität und ihre Tragik noch deutlicher. Diese poetische Attraktion ist das Paradoxon des dramatischen, von allen Täuschungen und Illusionen entblößten Lebens in den kleinen Provinzstädtchen, eines Lebens, das als normal angesehen wird. Dort rebelliert niemand gegen die Natur, ihre Abläufe, das Vergehen und das Sterben, denn eine Rebellion wäre sinnlos, lächerlich vor dem Hintergrund der Alltäglichkeit des Menschengeschlechts. Eine Auflehnung dagegen würde den Lauf der Dinge stören. Diese poetische Haltung wird bei Wachowiak durch den religiösen Aspekt bereichert. Dabei geht es nicht nur um den permanent in dieser Poesie präsenten

Glauben, sondern auch um das Vertrauen in die Kirche als menschliche Gemeinschaft. Die Zugehörigkeit zur Kirche erscheint hier als ein wesentlicher Wert, denn die religiöse Gemeinschaft stärkt die Menschen gegen existenzielle Ängste. So geschieht es vor allem in den neueren Bänden *Wyjście z mroku* (1987, *Hinausgehen aus der Finsternis*) und *Medalion studzienny* (1998, *Brunnenmedaillon*).

All diese Motive gipfeln im Band *Ein wahres Wunder. Ein Almanach*. Einzelne Texte, übersetzte Gedichte, wurden nicht nur aus dem Grund ausgewählt, dass sie sich auf das Thema des Todes beziehen: vor dem Hintergrund der Historie, des Krieges – der Krieg ist eine wesentliche Erfahrung der Kindheit und Jugend des Poeten – oder der Metaphysik und Religion, was sich gegenseitig nicht widerspricht. Die Auswahl ist vielmehr begründet durch die persönliche Nähe zu den aus dem Deutschen übersetzten Dichtern. Es sind eben diese, und keine anderen – denn andere übersetzt Wachowiak nicht. Ihn interessieren Dichter, die wie Brüder für ihn sind, im Empfinden, im Stil, in der Poetik, in den Formen ihrer Vorstellungskraft und ihrer Weltanschauung. Es handelt sich hier um Gedichte bekannter, gar berühmter Autoren des zwanzigsten Jahrhunderts aus dem deutschsprachigen Raum – doch nur jene, die in der einen oder anderen Bedeutung dem Übersetzer als Dichter nahe stehen, poetisch, nicht professionell. Auf diese Weise wird die Übertragung eines Textes durch Wachowiak zum Abenteuer der Begegnung mit einem anderen Lyriker.

Viele dieser Autoren gingen entweder eine Freundschaft oder eine langjährige Korrespondenz mit ihrem polnischen Übersetzer ein, was auch eine Art von Freundschaft darstellt. Im Falle jener, die nicht mehr unter den Lebenden weilten, machte sich der Übersetzer auf eine Reise auf, um zu sehen, wie sie lebten, wie sie wohnten. Beispielsweise besuchte er das Haus von Brecht oder das Atelier von Bobrowski in Berlin. Es führte dazu, dass der Dichter-Übersetzer mit ihnen wie innerhalb einer Familie verkehrte. Miłosz sprach in solchen Fällen von einer „Republik der Dichter", und erinnerte daran, dass Poeten auf eine andere Weise kommunizieren – jenseits von Grenzen, Trennlinien, Sprachen – mit einem höheren Sinn, in einem anderen Code als andere Menschen. So wurde Wachowiak zum Bürger der Republik der Dichter, die über ein immenses Postamt verfügte, und immer noch verfügt. Seine Korrespondenz zu den Übersetzungsfragen, der Austausch mit den deutschsprachigen Kollegen ist riesig, und wächst immer weiter. Der umfassendste und interessanteste ist der Briefwechsel zwischen Wachowiak und Reiner Kunze, Armin Müller, Fuad Rifka oder Johannes Poethen.

Poethen war vom Urland Hellas fasziniert, das in den späteren Jahrhunderten von Rom verfälscht wurde. In seinen Essays und Gedichten entdeckte er die Antike und die urgriechische Landschaft, auf die er dann seine moderne Empfindsamkeit projizierte. Seine Lyrik begann in der Nähe von Paul Celan, was den frühen Texten Poethens seinen Stempel aufdrückte. Der Autor interessierte sich außerdem auch für die deutsche metaphysische Lyrik, für die Romantiker und die moderne griechische Poesie. Er lebte stets ein halbes Jahr auf seinem Anwesen in Vrachati bei Korinth auf dem Peloponnes, während er das restliche Jahr in seinem ersten Haus auf den Hügeln bei Stuttgart verbrachte. Sein Erleben des ästhetischen, künstlerischen, philosophischen deutsch-griechischen Grenzgebiets als einen Tiegels oder einer bereichernden Aporie ist charakteristisch auch für die anderen Autoren des *Wahren Wunders*. Viele der Dichter sind Menschen, die aus kulturellen, nationalen oder religiösen Grenzgebieten stammen; und all sie bewegen sich in *Almanach* gleichzeitig durch ein anderes, universelles Grenzgebiet, jenes zwischen Leben und Tod. Johannes Bobrowski, der Autor des Gedichtes *Gryphius*, war verzaubert von Sarmatien als Region und Ethnos. Er war in Tylża (Tilsit) geboren, doch trotz des polnischen Nachnamens hatte er nie seine slawischen Wurzeln gefunden. Rudolf Samuel Levysohn, bekannt als Rudolf Leonhard, Autor von *Verlassenes Dorf*, war ein deutsch schreibender Jude aus dem großpolnischen Leszno (Lissa). Ähnlich wie Paul Celan aus Czernowitz in der Bukowina, Autor des Gedichtes *Schlaf...*, sowie die ebenfalls aus Czernowitz stammende Rose Nyland, Autorin des Gedichtes *1944*, ebenfalls eine Deutsch schreibende Jüdin. In Leszno hat sich die Synagoge erhalten – eine Seltenheit in jenen Regionen Europas, welche die Kristallnacht erleiden mussten – sowie das jüdische Viertel, durch das einst Mystiker und Rabbiner, Theologen und Poeten gewandelt sind, Akiwa Eger, Leo Baeck, der junge Levysohn, der sich Leonhard nannte. Zu Beginn des Ersten Weltkrieges besuchte Levysohn während seines Berliner Studiums Martin Buber in Weimar. Dieses Treffen ließ in ihm den aus der religiös-philosophischen Tradition stammenden jüdischen Pazifismus keimen. Dieser war ebenfalls für Ernst Toller aus Szamocin (Samotschin) und Gertrud Chodziesner-Kolmar aus Chodzież (Kolmar) charakteristisch. Bei der Dichtung von Else Lasker-Schüler, der Autorin des *Gebets*, handelt es sich nicht nur um jüdische Tradition und Vorstellungskraft, die sich auf eine auffallende Art mit dem deutschen Expressionismus und dem französischen Surrealismus verbindet – dieses Werk ist auch der Ausdruck des Grenzgebiets zwischen dem Alten und dem Neuen Testament, in einem poetischen Deutsch dargelegt. Diese Poesie steht bei uns dem Werk von Roman Brandstaetter nahe, eines Juden, der an Jesus glaubte und dennoch Jude war, der den großen Bogen zwischen dem Alten und dem Neuen Bund suchte. Die Lyrik von Lasker-Schüler in Wachowiaks Übersetzungen sowie die Gedichte von Brandstaetter sind heute für den Dichter und Jesuiten Wacław Oszajca von besonderer Bedeutung. Der Dichter und Maler Armin Müller, Autor von *Treue*, stammt aus Niederschlesien, aus Świdnica (Schweidnitz) und lebte in Weimar in Thüringen. Reiner Kunze, Autor des Gedichtes *Solange das Herz schlägt*, ist ein Lyriker im deutsch-tschechischen Grenzgebiet, und Fuad Rifka, Autor von *Im Brief*, war ein deutschschreibender Syrer aus dem Libanon, Professor der amerikanischen Universität in Beirut.

Ich erwähne dies, denn Eugeniusz Wachowiak und ich haben schon vor vielen Jahren beschlossen, dem heutigen Publikum Dichter, Mystiker, Philosophen und Theologen des historischen polnischen Grenzgebietes in Erinnerung zu rufen, Autoren verschiedener Nationalitäten, Religionen und Kulturen, die auf Deutsch, Hebräisch und Tschechisch schrieben. Die in dem alten Niederschlesien und in Großpolen lebenden deutschsprachigen Autoren waren von der jüdischen Mystik und der Kabbala inspiriert, so zum Beispiel Christian Knorr von Rosenroth und Andreas Gryphius, Vertreter des 17. Jahrhunderts. Gryphius ist übrigens Protagonist des in dem Band *Ein wahres Wunder. Ein Almanach* enthaltenen Gedichtes von Johannes Bobrowski. Angelus Silesius, eigentlich Johann Scheffler, war zu einem Drittel Pole, konvertierte vom Lutheranismus zum Katholizismus, und blieb doch weiterhin ein Religionen verbindender Mystiker und universeller metaphysischer Lyriker. Dieses westpolnische Grenzgebiet war eine Enklave teilweise

wahrhaftig genialer Künstler, die heute beinahe vergessen sind. Sie interessieren weder deutsche Literaturwissenschaftler: als Autoren, die als nicht mehr deutsch angesehen werden – noch die polnischen Forscher, als Schriftsteller, die beinahe schon Deutsche waren. Dies habe ich während meiner Gespräche mit Wissenschaftlern in West-Berlin erfahren müssen.
In diesem Sinne stellt *Almanach* ein Dokument des Interesses Wachowiaks an der Poesie der Grenzgebiete dar, und könnte auf die Ausmaße einer umfangreichen Anthologie ausgebaut werden – alleine, wenn man darin den Gedichtzyklus von Christoph Lippelt unterbringen würde, welchen der Dichter und Arzt dem Gedächtnis von Johannes Poethen gewidmet hatte, den er in den letzten Tagen seines Lebens pflegte; oder aber die *Gedanken über den Kirchhof* von Andreas Gryphius, einen Rhapsoden des Dreißigjährigen Krieges. Gryphius stammte aus Glogau, dem heutigen Głogów, und war mit dem Ort Wschowa (Fraustadt) verbunden, wo er seine bedeutendsten Werke verfasst hat: als junger Mann einen Zyklus von Sonetten, der 1637 in dem mehrsprachigen und von unterschiedlichen Religionszugehörigkeiten geprägten Leszno (Lissa) herausgegeben wurde; oder aber die 1648 erschienene Tragödie *Cardenio und Celinde, die unglücklich Verliebten.* Die Sonette waren übrigens unter anderem von den lateinischen Gedichten des polnischen Jesuiten Maciej Kazimierz Sarbiewski inspiriert und durch einige lateinische Epigramme ergänzt. Hätte man diese Werke hinzugefügt, wäre allerdings ein anderes Buch als *Ein wahres Wunder* entstanden, mit einem anderen Rhythmus und anderer innerer Logik.

Ich schreibe über das Grenzgebiet, denn sowohl Eugeniusz Wachowiak als auch ich, sein Sohn, wurden im Grenzgebiet zwischen Großpolen und

Niederschlesien geboren, im besagten Leszno. Lange Jahre verbrachten wir in dem nahegelegenen Wschowa, ehemals Fraustadt, und der Genius dieses historisch geprägten, multikulturellen, mehrsprachigen Ortes, der Geist unseres *homeland* nahm uns und nimmt uns immer noch in seinen Besitz, auch jetzt noch, da wir seit Jahren in Poznań (Posen) leben. Der historische *genius loci* verewigte sich hier in Gebäuden, literarischen Werken, theologischen und philosophischen Abhandlungen, wie auch auf den alten Friedhöfen. In Wschowa, auf dem Gottesacker, dem altstädtischen Friedhof, der 1609 außerhalb der Stadtmauer angelegt wurde, wandeln heute Schatten, die Griechisch, Latein, Hebräisch, Deutsch, Polnisch, Tschechisch sprechen, sich im niederschlesischen, preußischen, sächsischen und großpolnischen Dialekt unterhalten, Geister, die verschiedenen Religionen angehören, der lutheranischen, arianischen, calvinischen, die mit verschiedenen Lehren sympathisieren, denen von Philipp Melanchton, Menno Simmons, Jacob Böhme, Nikolaus von Zinzerdorf oder der Böhmischen Brüder, mit dem Nikodemismus, Irenismus, Jansenismus, wie auch mit der polnischen, deutschen, jüdischen, tschechischen, lausitzen, italienischen, französischen und niederländischen Kultur. Hier sind sie, in einer Demokratie der Toten, ähnlich wie im Lapidarium in Leszno, miteinander vereint, Geistliche und Bierbrauer, Bürgermeister und Tuchmacher, Medicusse und Schuhmacher, Räte und Müller, Schöffen und Krämer, Patrizier und Fleischer und Schmiede aus dem siebzehnten und achtzehnten Jahrhundert.

Zu der literarischen Konstellation unseres *homeland* gehört auch das poetische und zum wesentlichen Teil ebenfalls das translatorische Werk von Eugeniusz Wachowiak, der mir als Erster den Altstädter Friedhof in Wschowa zeigte, und zuvor noch den planierten

Lutheraner-Friedhof in Leszno, „Park der Steifen“ genannt. Das Lebenswerk dieses Dichters kann man sich als von einer symbolischen Klammer zusammengehalten vorstellen, von der immerwährenden, unerwarteten und unbeabsichtigten Rückkehr des Motivs des Gedichtes *W pocmentarnym parku* (*Im Park der Toten*) aus dem Band *Afrika des Dichters*:

Vereint unter Tod und Gras
verbunden wie Pollux und Castor
liegen wir fischenstumm
Antiquar Fleischer Pastor
und andere
andere
andere

Der Mond buckliger Totengräber
leuchtet mit schiefer Laterne
sucht unsere Zahlen umsonst
wie ein Fischer den Fang im leeren Netz
und leuchtet
leuchtet
aus der Ferne

Dieses Motiv findet sich ebenfalls in dem ein Viertel Jahrhundert später entstandenen Text *Prośba o pojednanie* (*Bitte um Versöhnung*) aus dem Band *Hinausgehen aus der Finsternis*, einem Gedicht, das Wachowiak nach dem Begräbnis seines Vaters und meines Großvaters, des Gartenarchitekten Franciszek geschrieben hatte, der die Kriegsjahre als Zwangsarbeiter in Thüringen verbracht hatte. Die Nachkriegsjahre verlebte Franciszek Wachowiak in Legnica (Liegnitz) in Niederschlesien, wo er starb und beigesetzt wurde:

Den Sarg meines Vaters Franciszek
legte man nieder in einem Grab
das zuvor einem Kantor
der lutheranischen Gemeinde gehörte
Franz Hammer
nachdem sein Schädel
noch einmal das Tageslicht erblickte
schlug er dumpf
gegen den Deckel
von Vaters Sarg
seitdem sind sie beide
von der Erde vereint

Oh Herr,
Du in Deiner Großartigkeit
vereine Du sie auch
in Deiner Gnade

Das, was den unnachahmlichen Ton der Lyrik von Wachowiak ausmacht, vor dem Hintergrund des Duktus der Gegenwartslyrik, ist vor allem jenes „Afrika des Dichters“, also die Exotik der Provinz. Die Exotik der Sprache, der Rosinen, die er aus dem Kuchen der Sprache herausklaubt, der seltenen, sonderbaren, codierten Worte, die den Autor – und sich selbst – immer noch verwundern. Es ist auch die Exotik eines Städtchens, das man mit den erstaunten Augen eines Abenteurers betrachtet, der auf dem berauschenden Schwarzen Kontinent angekommen ist. Dieses Erstaunen ist eine Qualität, bei der man ansetzen muss, und zu der man immer wieder zurückkehrt, wenn man sich mit der Poesie von Eugeniusz Wachowiak befasst.

Mateusz Marczewski, Enkel des Dichters und mein Patensohn, der Sohn meiner Schwester Renata – selbst

Autor des Lyrikbandes *Naprawiacz ptaków* (2000, *Der Reparator von Vögeln*), sowie der Essay-Reportage *Niewidzialni* (2008, *Die Unsichtbaren*) über seinen Aufenthalt bei den Aborigines in Australien – schrieb darüber das Gedicht *Afrika des Dichters*, in dem er sehr treffend das Wesen unseres Vaters und Großvaters eingefangen hat, und somit das Wesen seiner Lyrik:

Weglaufen? Doch wohin? Geradeaus hinaus
dahin, wo in der Ferne die Luft flimmert
über den Adern der Gleise
dahin, wo der Erde unsichtbares Feuer brennt.

In der Tür der Stadtbahn stehend
sich an dem Rattern der Räder erfreuen
an dem verwischten Bild der flimmernden Vorstädte

Das ist das Land, das mein Großvater Eugeniusz
in seiner Jugend besucht hatte, das es nirgendwo gibt
und niemals gegeben war.

Suchy Las, 17. Mai 2011 / 19. Oktober 2014

Aus dem Polnischen von Paulina Schulz

Sergiusz Sterna-Wachowiak

Trudny cud

Ostatnią, jak dotąd, książką poetycką Eugeniusza Wachowiaka jest bibliofilski, wydany na prawach rękopisu w stu sygnowanych egzemplarzach tom poetycki i w jednym przekładowy, zatytułowany *Cud prawdziwy. Almanach* (2011). Na książkę składa się *Inwokacja* autora, jego liryk *Prośba o pojednanie* i jego przekłady z języka niemieckiego, wśród których znajdują się wiersze już publikowane oraz pierwodruk polski *Tańca śmierci* (1967) Friedricha Schulta, poety, który przez wiele lat był asystentem Ernsta Barlacha w jego pracowni na Heidbergu w Güstrow. Grafika na okładce to reprodukcja pracy Horsta Bartscha, nieżyjącego już tragicznego berlińskiego artysty malarza, przyjaciela tłumacza.

Jest to tomik szczególny, dlatego że nieczęsto się zdarza, by książka poetycka zawierała tak konsekwentne przesłanie. Jej tematem czy leitmotivem jest przemijanie i śmierć. Eschatologia stanowi tu jedyną przestrzeń przeżyć, na której autor się koncentruje i w której granicach mieszczą się wszystkie wiersze *Almanachu*. Zwracają się one na różne sposoby w stronę tajemnicy śmierci, trwogi, niepewności, jak mówił Søren Kierkegaard: bojaźni i drżenia. Lecz zarazem i w stronę nadziei, która przechodząc od *Inwokacji*, osobistego rozważania pożytku, jaki przynosi pamięć o śmierci, *memento mori* – powraca jako wybita w tytule kategoria „cudu prawdziwego", inspirowana wierszem Jana Lechonia *Wielki Piątek*, który książkę zamyka: „Im cud jest bardziej trudny, tym bardziej prawdziwy".
Oprócz dynamiki trwogi i nadziei – *Almanach* nie epatuje

rozpaczą – tom przenika nieunikniona w poezji zainteresowanej metafizyką przemijania i śmierci inna jeszcze antynomia, kategorii intymności i dystansu. Można się jej doszukać w prawie każdym wierszu z *Cudu prawdziwego*, gdzie jest dość oczywista: intymność gwarantuje porozumienie z drugim, który znajduje się w tej samej opresji, a dystans jest sekretem piękna, powiedziałbym za rozważającym korespondencje sztuki i śmierci Arturem Schopenhauerem. Bez dystansu zostaje nam tylko odarta z zasłon śmierć fizjologiczna, metafizyczny skandal, wydarzenie w przyrodzie, z powodu którego wielu nie potrafi pogodzić się z naturą, przystać na jej dyktat. To nasz jedyny prawdziwy kłopot z istnieniem, któremu zawdzięczamy sztukę, filozofię, teologię, ale wobec którego jesteśmy bez dystansu, protezy, podpórki bezradni. Dystans jako sekret piękna przynosi uwznioślenie; nie śmierci, lecz zmarłego człowieka, jego umarłego ciała, co bywa niebezpieczne i jak w poezji Adama Zagajewskiego może sprowadzić się do piękna zimnego niczym sztuczne kwiaty, bezwartościowego jak sztuczna biżuteria. U prawdziwych poetów dystans wobec śmierci nie wyklucza bowiem intymności przeżyć, uwzniośla człowieka w nędzy jego przeznaczenia przy pomocy form i środków wyrazu, które mogą zostać użyte jako wehikuły poetyckiej empatii, współczucia, mizerabilizmu. Dla każdego, kto obcował z poezją Wachowiaka – nie jest to nowość. Motyw przerażenia istnieniem czy, mówiąc łagodniej, egzystencjalnego „jaskółczego niepokoju" towarzyszy tej poezji od debiutanckiego tomu *Afryka poety* (1958) i od wczesnych wierszy, które do tego tomu nie weszły, a pisane były przed debiutem książkowym, w połowie lat pięćdziesiątych dwudziestego wieku, do szuflady albo z myślą o druku w czasopismach.

Nawet tematy oficjalne, przede wszystkim historyczne, które zagościły w późniejszych książkach poetyckich Wachowiaka, poświęconych powstaniu wielkopolskiemu (*Powstańczy polem wiedzie ślad*, 1978), Wiośnie Ludów w Wielkopolsce (*Co nam obca przemoc wzięła kosą odbierzemy*, 1982) i udziałowi Wielkopolan w powstaniach narodowych i ruchu oporu w latach 1794-1944 (*Płonąca satnica*, 1988), nie mówiąc już o licznych wierszach nawiązujących do drugiej wojny światowej, jak inspirowany *Fugą śmierci* Paula Celana i malarstwem Marca Chagalla poemat *Herszełe i Ryfkełe* (1990) – są to, jak mówił Miłosz, „formy bardziej pojemne", łączące w jedno wiersze, dokumenty, prozę (wyrażone, pisze Wachowiak, w słowie „z materii faktu wziętym", „mową wiązaną a gdzie trzeba prozą") – nie przeszkadzają poecie w pielęgnowaniu jego pasji. Strofy tych historyzujących poematów okolicznościowych kryją w swych strukturach ten sam u Wachowiaka, co przedtem leitmotiv następstwa życia, przemijania i śmierci, zaszyfrowany w rytmie. Zauważył to Jacek Sykulski, kompozytor, który kilka lat temu podjął się przełożenia poematu *Powstańczy polem wiedzie ślad* na kompozycję oratoryjno-kantatową z przeznaczeniem dla chórów i orkiestry symfonicznej. Współpracowałem wówczas z Sykulskim, który nie od razu powiedział mi, że coś go do tego poematu ciągnęło, sam go przecież wybrał, a jednocześnie coś broniło dostępu. Miał kłopot, nie mógł znaleźć w poemacie miejsca dla siebie, ponieważ strofy poezji Wachowiaka nie chciały poddać się oczywistym regułom rymo-rytmicznym ani nie pozwalały narzucić sobie rytmów obmyślanych przez kompozytora. Sykulski odkrył wówczas nieustępliwy, surowy, twardy i poddany konsekwentnej ewolucji rytm, zapisany w wierszach raz na zawsze przez samego poetę. Najpierw, na początku historii powstania wielkopolskiego, choć niekoniecznie w tej kolejności w poemacie, rytm ten przypomina kroki człowieka udręczonego, potem kroki człowieka nadziei, pobudki, wiecu, euforii, kogoś maszerującego, biegnącego do ataku, walczącego, by odezwać się w końcu krokiem konduktu pogrzebowego. W tych rytmach-krokach zapisany został ścieg konkretnego wydarzenia historycznego, ale i ścieżka eschatologii człowieka jako takiego, w którego uniwersalny los wpisana jest niepewność, nadzieja, bojaźń, bunt, trwoga, drżenie i w końcu śmierć.

Ten oddany w niepokojących rytmach motyw, obecny jest także w licznych i różnorodnych wątkach tematycznych starszych tomików poetyckich Wachowiaka. W *Afryce poety*, w wydanym po wielu latach tomie wczesnych wierszy *Woda dla dropia* (1987), w *Przed snem niepokój* (1962), *Spokojnej schedzie* (1963), *Zmaganiu z lwem* (1965) – najwyżej cenię wiersze z *Afryki poety* i *Wody dla dropia* – pojawiają się nieswoiście barokowe, lecz w barokowym celu nagromadzone środki poetyckiego wyrazu, metafory, obrazy i specjalnie wynajdywane osobliwe słowa, dziwne, rzadkie, przypominające czasem neologizmy, które potrącają dźwiękiem znaczeń i, bywa, zatrącają kurzem przeszłości, ale jednocześnie towarzyszy im coś, co można nazwać wiecznym zdziwieniem, nieprzemijającym pięknem zdziwienia czy po prostu nieprzemijającym pięknem. „Lubię słowa. – pisze autor tomu *Przed snem niepokój* – Kacabaja, kaszkiet, kostropaty, koromysła. Z kantorka, zza lady, z odpustu. Strzelać nimi to większa uciecha niżby kapiszonem na kamieniach pryskał. (...) Barw w nich nie mniej niż w pinakotece. Tej nie mam. Rodzynki wydłubuję z ciasta słowników”. Słowo, które przykuwa uwagę, które wciąż dziwi – trwa, jest atrakcyjne dla poety, nie przemija w historii języka nawet pomimo utlenienia się jego znaczenia i sensu. „Tak dzieje się prawie zawsze, kiedy poeta bacznie przygląda się swoim słowom – zauważa Piotr Łuszczykiewicz w eseju, poświęconym liryce Wachowiaka i zatytułowanym *W mroku i w świetle* – kiedy dostrzega, że słowa te są imionami, a z przeszłości tylko one pozostają, jak głosi stary topos *nomina nuda tenemus*".

Poetycką atrakcją, pełną dziania się życia, przemijania i śmierci, co składa się na przeciętną ludzką egzystencję, powiedziałbym: na naszą przyrodniczą i rodzajową codzienność, w której rodzimy się, dorastamy, kochamy, zakładamy rodziny albo i nie, przemijamy i odchodzimy – jest u Wachowiaka ukazywanie biologicznego zdeterminowania ludzkiego życia na tle prowincji, małego miasteczka, na to, aby uzyskać ekspresję naszego przeznaczenia i losu i dopisać do niej mądrościowy komentarz. Człowiecza egzystencja jest tam bardziej odsłonięta, bliższa naturze i naturalniejsza, dobrze uwidacznia się też jej walor i tragizm. Ta atrakcja poetycka to paradoks odartego z zasłon i złudzeń dramatycznego życia w małych miasteczkach, na prowincji, traktowanego w swoim biegu jako normalne. Nikt się tam przeciwko naturze życia, przemijania i śmierci specjalnie nie buntuje, bo bunt jest bezsensowny, śmieszny na tle rodzajowej codzienności; zakłóca ład istnienia. Taka postawa poetycka jest u Wachowiaka wzbogacana pierwiastkiem religijnym. Nie tylko stale w tej poezji obecną wiarą, lecz także nadzieją pokładaną w Kościele jako ludzkiej wspólnocie. Przynależność do Kościoła i parafii jest tu wartością, skoro wspólnota religijna szczepi i uodparnia przed lękami istnienia, przemijania i odchodzenia z ziemskiego życia. Tak dzieje się zwłaszcza w tomikach nowszych, *Wyjściu z mroku* (1987) i *Medalionie studziennym* (1998).

Wszystkie wątki kulminują w *Cudzie prawdziwym. Almanachu*. Poszczególne utwory, przełożone wiersze, wybrane zostały nie tylko z tej racji, że poświęcone są tematowi śmierci obracanemu na różne sposoby: na tle historycznym i wojennym – wojna pozostaje szczególnym doświadczeniem dzieciństwa i młodości poety – czy w niekoniecznie sprzecznej z tym tłem przestrzeni metafizyki i religii. O wyborze stanowi także perspektywa bliskości tłumaczonych z języka niemieckiego poetów, tych a nie innych, bo pozostałych Wachowiak nie przekłada. Interesują go poeci, którzy są mu braćmi w doznaniach, stylu, poetyce, kształtach wyobraźni, światoobrazach. Są to wiersze poetów znanych, czasami wybitnych, głównie dwudziestowiecznych poetów obszaru języka niemieckiego, ale tylko te, które w tym czy innym znaczeniu okazały się bliskie translatorowi jako poecie, nie zawodowemu tłumaczowi. W ten sposób przekład Wachowiaka tłumaczącego wiersze bliskiego sobie poety staje się przygodą spotkania.

Wielu tłumaczonych autorów albo popadało w przyjaźń, albo w wieloletnią korespondencję ze swoim polskim tłumaczem, co też jest odmianą przyjaźni, albo jak w przypadku tych, których nie było już na świecie, tłumacz udawał się ich tropami, żeby zobaczyć jak mieszkali, jak żyli; zwiedzić na przykład dom Brechta czy pracownię Bobrowskiego w Berlinie. Sprawiło to, że poeta-tłumacz obracał się w jednej rodzinie. Miłosz mówił w takich przypadkach o republice poetów i przypominał, że poeci porozumiewają się ponad granicami, podziałami, językami jakimś jeszcze innym zmysłem, innym kodem, niż dzieje się to w pozostałej części ludzkości. Wachowiak zamieszkał w republice poetów, która miała i ma bardzo rozbudowany urząd pocztowy. Jego epistolografia dotycząca przekładów, korespondencja z tłumaczonymi poetami jest ogromna i nieustannie o kolejne listy się powiększa. Najobszerniejsza i najciekawsza jest korespondencja

Wachowiaka z Reinerem Kunzem, Arminem Müllerem, Fuadem Rifką czy Johannesem Poethenem.

Poethen był zafascynowany pierwszą Helladą, w późniejszych wiekach zafałszowaną przez Rzym; w wierszach i esejach odkrywał antyk i pejzaż pragrecki, na który rzutował następnie swoją współczesną wrażliwość. Jego poezja na dobre zaczęła się blisko Paula Celana, co odcisnęło się na wczesnych wierszach Poethena, interesującego się także niemiecką poezją metafizyczną i romantykami oraz nowożytną liryką grecką. Autor zamieszczonego w *Almanachu* wiersza *Obcość...* mieszkał zawsze pół roku w swojej posiadłości we Vrachati pod Koryntem na Peloponezie, a pozostałe miesiące roku spędzał w swoim pierwszym domu na wzgórzach pod Stuttgartem. Jego doświadczanie artystycznego, estetycznego, filozoficznego pogranicza niemiecko-greckiego jako tygla czy wzbogacającej pisarstwo aporii, jest charakterystyczne dla większości autorów, przywołanych w *Cudzie prawdziwym*. Wielu z nich to poeci kulturowych, narodowych, czasami wyznaniowych pogranicz, wszyscy w wybranych do *Almanachu* wierszach poruszają się zarazem po innym pograniczu, uniwersalnym pograniczu życia i śmierci. Urzeczony Sarmacją jako obszarem i etnosem Johannes Bobrowski, autor wiersza *Gryphius*, urodził się w Tylży, ale mimo polskojęzycznego nazwiska nigdy nie odnalazł swoich korzeni słowiańskich. Rudolf Samuel Levysohn, znany jako Rudolf Leonhard, autor *Opuszczonej wioski*, to piszący w języku niemieckim Żyd z wielkopolskiego Leszna, podobnie jak Paul Celan z Czerniowiec na Bukowinie, autor wiersza *Śpij...*, i pochodząca również stamtąd Rose Nyland, autorka wiersza *1944*, pisząca po niemiecku Żydówka. W Lesznie zachowała się synagoga, rzadkość w stronach Europy, które przeżyły Noc Kryształową, i dzielnica żydowska, której uliczkami spacerowali mistycy i rabini, teologowie i poeci, Akiwa Eger, Leo Baeck i inni, jak młody Levysohn. W początkach pierwszej wojny światowej, Levysohn piszący się Leonhard jako student w Berlinie odwiedził w Weimarze Martina Bubera, a spotkanie ukształtowało w nim wywiedziony z religijno-filozoficznej tradycji żydowskiej ideowy pacyfizm, charakterystyczny również dla Ernsta Tollera z Szamocina i Gertrud Chodziesner-Kolmar z Chodzieży. Poezja Else Lasker-Schüler, autorki *Modlitwy*, to nie tylko tradycja i wyobraźnia żydowska, łączona przedziwnym sposobem z niemieckim ekspresjonizmem i francuskim surrealizmem, lecz także wyrażane w poetyckiej niemczyźnie pogranicze Starego i Nowego Testamentu, bliskie u nas Romanowi Brandstaetterowi, Żydowi, który uwierzył w Chrystusa a nie przestał być Żydem i szukał Wielkiego Łuku między Starym a Nowym Przymierzem. Liryka Lasker-Schüler w przekładach Wachowiaka i twórczość Brandstaettera są dziś szczególnie ważne dla poety i jezuity Wacława Oszajcy. Poeta i malarz Armin Müller, autor *Wierności*, pochodził z Dolnego Śląska, ze Świdnicy, mieszkał w Weimarze w Turyngii, Reiner Kunze, autor wiersza *Dopóki serce bije*, jest lirykiem pogranicza niemiecko-czeskiego, a Fuad Rifka, autor zapisu *W liście*, był piszącym w języku niemieckim Syryjczykiem z Libanu, profesorem amerykańskiego uniwersytetu w Bejrucie.

Wspominam o tym, gdyż wiele już lat temu wspólnie z Eugeniuszem Wachowiakiem postanowiliśmy przypomnieć współczesności poetów, mistyków, filozofów, teologów polskiego historycznego zachodniego pogranicza narodów, kultur i wyznań, piszących w języku niemieckim, hebrajskim i czeskim. Żyjący i tworzący na dawnym Dolnym Śląsku i w Wielkopolsce poeci niemieckojęzyczni inspirowali się na przykład, jak siedemnastowieczni Christian Knorr von

Rosenroth i Andreas Gryphius, bohater zamieszczonego w *Almanachu* wiersza Bobrowskiego, mistyką i kabałą żydowską. Angelus Silesius, Anioł Ślązak, właściwie Johann Scheffler, był w jednej trzeciej krwi Polakiem, przeszedł z luteranizmu na katolicyzm, lecz pozostał ponadreligijnym mistykiem i uniwersalnym lirykiem metafizycznym. Enklawa twórców niekiedy genialnych, którzy pozostają zapomniani; nie interesowali oni specjalnie, sam to sprawdzałem w rozmowach z uczonymi w Berlinie Zachodnim, ani literaturoznawców niemieckich jako pisarze, którzy już prawie nie byli Niemcami, ani badaczy i historyków literatury polskiej jako pisarze, którzy już prawie byli Niemcami. W tym sensie *Almanach* stanowi przejaw zainteresowania Wachowiaka poezją pogranicz, a mógłby być rozbudowany do objętości obszernej antologii, gdyby zamieścić w nim choćby cykl wierszy dwudziestowiecznego Christopha Lippelta, poświęcony przez tego poetę i lekarza pamięci Poethena, którym opiekował się w ostatnich dniach jego życia, czy *Myśli cmentarne* z obszernego tomu Andreasa Gryphiusa, rapsoda czasów wojny trzydziestoletniej, urodzonego w Głogowie i związanego ze Wschową, gdzie napisał swoje najwybitniejsze utwory: cykl wydanych w wielokulturowym i różnowierczym Lesznie młodzieńczych sonetów w języku niemieckim (1637), inspirowanych między innymi łacińskimi wierszami polskiego jezuity Macieja Kazimierza Sarbiewskiego i wzbogacony kilkoma epigramami łacińskimi, oraz tragedię *Cardenio i Celinda albo Nieszczęśliwie zakochani* (1648). Byłaby to jednak inna książka, o innym niż *Cud prawdziwy* wewnętrznym rytmie i spójności.

Piszę o pograniczu, bo zarówno Eugeniusz Wachowiak, jak i ja, jego syn, urodziliśmy się na pograniczu Wielkopolski i Dolnego Śląska, w Lesznie, a kilkanaście lat spędziliśmy w nieodległej Wschowie, Fraustadt, i geniusz tego historycznie wielonarodowego, multikulturowego, różnowierczego i wielojęzycznego tygla, duch naszego *homelandu*, często brał nas i nadal bierze, gdy od lat mieszkamy w Poznaniu, w swoje posiadanie. Historyczny *genius loci* utrwalił się tu w zabytkach, dziełach literackich, filozoficznych i teologicznych, jak też na starych cmentarzach. We Wschowie, na Bożym Polu, staromiejskim cmentarzu założonym w 1609 roku poza murami miasta, po wydeptanych alejkach ogrodu umarłych przechadzają się cienie mówiące greką, łaciną, językiem hebrajskim, po polsku, niemiecku, czesku, frankońsku, w dialekcie dolnośląskim, pruskim, saskim, wielkopolskim i z różną sympatyzujące wiarą, luterańską, czeskobraterską, ariańską, kalwińską, z naukami Philippa Melanchtona, Menno Simmonsa, Jacoba Boehmego, Nikolausa von Zinzerdorfa, z nikodemizmem, irenizmem, jansenizmem, jak też z kulturą polską, niemiecką, żydowską, czeską, łużycką, włoską, francuską i niderlandzką. Sąsiadują tu, w pośmiertnej demokracji, podobnie jak w lapidarium w Lesznie, siedemnasto- i osiemnastowieczne pochówki duchownych i piwowarów, burmistrzów i sukienników, medyków i szewców, rajców i młynarzy, ławników i kupców, patrycjuszy i rzeźników czy kowali.

Do konstelacji literackiej naszego *homelandu* należy również poetyckie i w zasadniczej swej części także translatorskie dzieło Eugeniusza Wachowiaka, który pierwszy oprowadzał mnie po staromiejskim cmentarzu we Wschowie, a wcześniej po splantowanym cmentarzu luteran w Lesznie, zwanym Parkiem Sztywnych. Dzieło życia tego poety można wyobrazić nawet jako spięte symboliczną klamrą, niezamierzonym i przede wszystkim nie przewidzianym powrotem motywu młodzieńczego wiersza *W pocmentarnym parku* z debiutanckiego tomu *Afryka poety*:

Zrównani śmiercią i trawą
złączeni jak Polluks i Kastor
leżymy rybio niemi
antykwariusz, rzeźnik, pastor
i inni
inni
inni

Księżyc garbaty grabarz
latarnią pochyło świeci
cyfr naszych na próżno szuka
jak rybak ryb w pustej sieci
i świeci
świeci

(*W pocmentarnym parku*)

– powrotem w powstałej ćwierć wieku później *Prośbie o pojednanie* z tomu *Wyjście z mroku*, wierszu napisanym po pogrzebie mojego dziadka a ojca autora, architekta ogrodniczego Franciszka, który lata wojny spędził „na robotach" jako ogrodnik w Turyngii, a powojenne lata życia spędził w Legnicy na Dolnym Śląsku, gdzie zmarł i został pochowany:

Trumnę mojego ojca Franciszka
złożono w grobie
należącym wcześniej
do kantora
luterańskiego zboru
Franza Hammera,
którego czaszka

ujrzawszy raz jeszcze
dzienne światło
po chwili uderzyła głucho
w wieko trumny ojca
i odtąd obu
połączyła ziemia

Panie,
Ty w Swej wspaniałości
połącz ich również
Łaską Twoją

To, co stanowi o niepodrabialnym tonie poezji Wachowiaka w dykcji współczesnej liryki, to przede wszystkim „Afryka poety", egzotyka prowincji. Egzotyka języka, „rodzynków wydłubywanych z ciasta słowników", rzadkich, osobliwych, zaszyfrowanych, lecz nadal zadziwiających i dziwiących się sobie słów – i egzotyka miasteczka, którą ogląda się zdumionymi oczami przybysza jak oszałamiający Czarny Ląd. Zdziwienie to wartość, od której należy zacząć i do której się wraca obcując z poezją autora *Wody dla dropia.* Mateusz Marczewski, wnuk poety, mój chrześniak, syn mojej siostry Renaty, sam już autor tomiku wierszy *Naprawiacz ptaków* (2000) i eseizowanego reportażu *Niewidzialni* (2008) z pobytu w Australii, wśród Aborygenów – napisał na ten temat wiersz zatytułowany *Afryka poety*, gdzie trafnie uchwycił istotę osobowości naszego ojca i dziadka, a zarazem istotność jego liryki:

Uciec? Ale dokąd? Ruszyć wprost przed siebie
Tam, gdzie w oddali faluje powietrze
nad żyłkami torów
Tam gdzie płonie ziemia niewidocznym ogniem.

W drzwiach kolejki podmiejskiej cieszyć się stukotem,
Rozmazanym obrazem falujących przedmieść.

To właśnie jest ta ziemia, którą dziadek mój Eugeniusz
w młodości swej odwiedził, której nie ma nigdzie
I nigdy nie było.

Suchy Las, 17 maja 2011 / 19 października 2014

Sergiusz Sterna-Wachowiak

Eugeniusz Wachowiak

Biogramm

Lyriker und Übersetzer, geb. am 24. 12. 1929 in Leszno / Lissa, in dem damals deutsch-polnischen Grenzgebiet. Nach dem Grundschulabschluss (30. 06. 1943) Postjunghilfsarbeiter in Lissa. Ab 1945 Schüler des Kaufmännischen Gymnasiums und Handelslyzeum in Leszno. Studium an der Hochschule für Ökonomie in Poznań, 1954 Diplomwirtschaftler. In demselben Jahr veröffentlichte er sein erstes Gedicht und 1958 den ersten Lyrikband (bislang erschienen siebzehn seiner Bände). In den Jahren 1954 bis 1984 Angestellter in Handels-und Industriebetrieben in Leszno, Wschowa / Fraustadt und Poznań. Eugeniusz Wachowiak übersetzt seit 1960 aus dem deutschen Sprachraum. In seiner Auswahl und Übersetzung erschien 1965 die erste (nach dem zweiten Weltkrieg) Minianthologie der deutschen Lyrik in Polen. Es wurden von ihm übersetzt und herausgegeben: Lyrikbände von Johannes Bobrowski, Volker Braun, Else Lasker-Schüler und Johannes Poethen. Er war Initiator und Mitherausgeber von Lyrikanthologien und des Gedichtbandes von Erich Arendt, Gründer des Verlages des Stowarzyszenie Pisarzy Polskich (Verein Polnischer Schriftsteller) in Poznań, und des „Roman Brandstaetter – Fonds". Mit Johannes Poethen unterzeichnete er (1991) den Vertrag über die Zusammenarbeit des „Stuttgarter Schriftstellerhauses" e. V. in Stuttgart mit dem Verein Polnischer Schriftsteller in Poznań. Wachowiak übersetzte etwa zweitausend Gedichte die seit 1960 in Büchern und Zeitschriften in Polen (und Paul Celans *Todesfuge* auch in einer jüdisch-polnischen Zeitschrift in Israel) erschienen sind und folgende Prosaautoren: M. Bruns, H. Cibulka, F. Fühmann, R.

Hochhuth, H. Kipphardt, K. May, A. Müller, L. Ossowski, R. Schneider, E. Strittmatter, I. Tielsch, F. Werfel, R. Wochele. Ausserdem Briefe, Essays, Erinnerungen u.a. von Ernst Barlach, J. R. Becher, W. Brandt, K. Dedecius, H. M. Enzensberger, G. Grass, R. Gröper, S. Kohlhammer, L. Kopelew, A. Müller-Górzno, J. Poethen, H.W. Richter. In den Jahren 1960-1983 war er Mitglied des damaligen Związek Literatów Polskich (Polnischer Schriftstellerverband), in den Jahren 1981-1989 mit inoffiziellen (von Zensur und amtlichen Behörden unabhängigen) Schriftsteller- und Künstlerkreisen verbunden.
Seit 1984 freischaffend. Ab 1989 Mitglied des neugegründeten Vereins Polnischer Schriftsteller, und seit 1991 des PEN-Clubs. Eugeniusz Wachowiak wohnte bis 1961 in Leszno, 1961-1972 in Wschowa, danach in Poznań. Aufenthalte in Deutschland: Gast des INTER NATIONES, des Goethe-Instituts in Göttingen, des Deutschen-Polen-Instituts in Darmstadt und des „Stuttgarter Schriftstellerhauses“ e.V. in Stuttgart. Teilnahme am Übersetzerseminar in Buckow bei Berlin (Brecht Zentrum), und am Hochschulferienkurs der Friedrich Schiller-Universität-Jena in Weimar. Stipendiat der Robert Bosch-Stiftung, des Deutschen-Akademischen-Austausch-Dienstes (DAAD) und der Hessischen Staatskanzlei.

* * *

Biogram

Poeta, tłumacz literatury niemieckiego kręgu językowego, autor prozy poetyckiej, refleksyjnej i wspomnieniowej (pseudonimy: EWa, Benedykt Horski, Leonard Zgliński)

– urodził się 24 grudnia 1929 roku w Lesznie. Syn Franciszka Wachowiaka, ogrodnika, pracownika Polskich Kolei Państwowych i Kazimiery z domu Sterna. W latach 1936-1939 uczęszczał do leszczyńskiej Szkoły Powszechnej nr 2, a w okresie 1940-1943 uczył się w Lesznie w niemieckiej szkole dla polskich dzieci. Po ukończeniu szkoły został skierowany do pracy w Urzędzie Pocztowym Leszno, gdzie pracował do 2 marca 1945 roku. Od roku 1946 do rozwiązania w roku 1949 był członkiem dawnego Związku Harcerstwa Polskiego. Absolwent leszczyńskiego Gimnazjum Kupieckiego i Liceum Handlowego (1950), ukończył Wyższą Szkołę Ekonomiczną w Poznaniu (dyplom 1954); podczas studiów był członkiem Koła Naukowego Ekonomistów pod opieką Wacława Wilczyńskiego, późniejszego znanego profesora ekonomii. W roku 1952 wstąpił w związek małżeński z Janiną Hetmańską, ekonomistką. Jako tłumacz przy grupie intelektualistów skandynawskich i holenderskich podczas V Światowego Festiwalu Młodzieży i Studentów w Warszawie w 1955 roku przeżył, jak mówi, istotną „odwilż" swojej osobowości. Po studiach pracował w handlu i przemyśle jako starszy instruktor finansowy, główny księgowy i dyrektor przedsiębiorstwa (1954-1958 w Miejskim Handlu Detalicznym w Lesznie, 1958-1973 w Wytwórni Urządzeń Komunalnych WUKO we Wschowie, 1973-1984 w Przedsiębiorstwie Aparatury i Urządzeń Komunalnych PoWoGaz w Poznaniu). Do roku 1961 mieszkał w Lesznie, w latach 1961-1973 we Wschowie, od roku 1973 mieszka w Poznaniu. W latach 1965-1973 był radnym Miejskiej Rady Narodowej we Wschowie (przewodniczący Komisji Oświaty i Kultury), członkiem Zarządu Wschowskiego Towarzystwa Kultury i członkiem Rady Lubuskiego Towarzystwa Kultury w Zielonej Górze. Debiutował jako poeta wierszem

Wieczorna orka w roku 1954 na łamach „Widnokręgu", dodatku do dziennika „Gazeta Poznańska", w tym też roku został w rezultacie konkursu przyjęty do Koła Młodych przy poznańskim Oddziale Związku Literatów Polskich. Po wystąpieniu z Koła Młodych, od 1956 roku był członkiem poznańskiej Grupy Literackiej „Wierzbak" (Ryszard Danecki, Gerard Górnicki, Marian Grześczak, Maciej Maria Kozłowski, Józef Ratajczak, Konrad Sutarski), uczestnikiem antologii „Wierzbaka" *Liść człowieka* (1957); z grupy wystąpił 26 lipca 1959, publikując wraz z Kozłowskim i Ratajczakiem oświadczenie o rozłamie. Od października 1956 do likwidacji w roku 1958 współpracował z czasopismem studentów i młodej inteligencji „Wyboje". W 1957 roku współorganizował I Ogólnopolski Festiwal Młodej Poezji w Poznaniu. W 1958 roku wydał debiutancki tom poezji *Afryka poety*. Jako tłumacz poezji niemieckiego kręgu językowego debiutował w 1960 roku, od roku 1971 równolegle tłumaczy także prozę powieściową, nowelistyczną i eseistyczną. We Wschowie gościł między innymi, organizując spotkania autorskie lub prywatnie, Stanisława Grochowiaka, Seweryna Pollaka, Joannę Pollakównę, Henryka Berezę, Jana Marię Gisgesa, Krystynę Miłobędzką, Andrzeja Falkiewicza, Macieja Marię Kozłowskiego, Józefa Ratajczaka, Andrzeja K. Waśkiewicza, Stanisława Barańczaka. W 1966 roku zainicjował kontakty lubuskiego środowiska literackiego z pisarzami niemieckimi z Turyngii, zapraszając do Zielonej Góry i Wrocławia między innymi Reinera Kunzego i Armina Müllera. Leszczyńskie lata dzieciństwa i młodości pisarza dokumentuje książka Janiny Małgorzaty Halec *Ulicami Eugeniusza Wachowiaka*, wydana w roku 2012 nakładem Wydawnictwa „Cicer" przy Miejskiej Bibliotece Publicznej im. Stanisława Grochowiaka w Lesznie. O jego twórczości własnej i przekładowej, życiu w okresie wschowskim oraz przyjaźni z niemieckim pisarzem Arminem Müllerem, autorem wiersza *Mein Freund Genek* (publikowanego w tomach *Reise nach S.* i *Meine schlesischen Gedichte*) – opowiada zrealizowany w 1972 roku przez Wytwórnię Filmową DEFA-Studio w Berlinie Wschodnim według scenariusza Wolfganga Jöhlinga film dokumentalny *Mein Freund Genek* w reżyserii Karlheinza Munda, nagrodzony na Festiwalu Filmów Krótkometrażowych w Krakowie (1973). Autor wielu tomów poezji i drukowanych w czasopismach opowiadań, opublikował także liczne przekłady książek poetyckich, wierszy, powieści i opowiadań pisarzy niemieckiego kręgu językowego. Wiersze i prozy, własne i przekłady – między innymi Paula Celana, Sarah Kirsch, Güntera Grassa, Reinera Kunzego, Rudolfa Leonharda, Ernsta Tollera – oraz opowiadania, szkice i refleksje, publikował między innymi w antologiach i almanachach, jak też na łamach „Wybojów", „Tygodnika Zachodniego", „Współczesności", „Ziemi i Morza", „Warmii i Mazur", „Nadodrza", „Nurtu", „Odry", „Życia Literackiego", „Poezji", „Faktów i Myśli", „Miesięcznika Literackiego", „Poglądów", „Kameny", „Liter", „Śląska", „Borussi", „Nowego Życia", „Obecności", „Czasu Kultury", „W drodze", „Gazety Malarzy i Poetów", „Tygla Kultury", „Pogranicz", „Akcentu", „Kresów", „Przyjaciela Ludu", „Tytułu", „Wiadomości Kościańskich", „Okolicy Poetów", „Arkusza", „Przeglądu Politycznego", „Pro Libris", „Protokołu Kulturalnego" oraz w czasopismach literackich niemieckich („Sinn und Form", „Neue Deutsche Literatur", „Thüringische Landeszeitung", „Das Volk", „Sonntag", „Die Künstlergilde" [Esslingen]", „Neue Literatur" [Bukareszt]) i w ukazujących się w Tel-Avivie „Nowinach – Kurierze". Brał udział w seminariach dla tłumaczy literatury niemieckiego kręgu językowego, organizowanych przez Uniwersytet im. Friedricha Schillera w Jenie (Weimar 1969), Instytut Goethego w Monachium (Getynga 1976), Brecht-Zentrum w Berlinie (Buckow 1977) i Deutsches-Polen-Institut w Darmstadcie (1984, na zaproszenie Karla Dedeciusa). Odbył wiele podróży literackich, studyjnych i stypendialnych między innymi do Niemiec (Turyngia, Badenia-Wirtembergia, Brandenburgia, Saksonia, Pomorze Przednie, Dolna Saksonia, Nadrenia, Westfalia, Hesja), Czech (Praga), na Węgry (Budapeszt) i do Grecji (Peloponez, na zaproszenie Johannesa Poethena). Po 13 grudnia 1981 roku publikował w obiegu podziemnym i niezależnym, uczestniczył jako członek w działaniach Towarzystwa Literackiego im. Adama Mickiewicza w Poznaniu i w podziemnym życiu literackim, w latach 1986-1991 brał udział jako autor w edycjach poznańskiej, literackiej wolnej gazety mówionej „Struktury III". Laureat Lubuskiej Nagrody Kulturalnej (1966), Nagrody Dwutygodnika „Nadodrze" (1968), Nagrody Niezależnych im. 3 Maja (1987), Nagrody „Wiadomości Kościańskich" „Za nieprzeciętność" (1998), nominowany do Nagrody Artystycznej Miasta Poznania (2000), laureat Nagrody Ministra Kultury i Dziedzictwa Narodowego (2007). W 1971 roku Niemiecka Republika Demokratyczna nadała mu Złoty Medal „Ehrennadel für Verdienste um die Freundschaft der Völker" („Za umacnianie przyjaźni między narodami"), a w roku 1981 Medal Heinricha von Kleista. W 1978 roku otrzymał tytuł Honorowego Obywatela Miasta i Gminy Wschowa (jest autorem słów oficjalnego hymnu tego miasta), w roku 1984 medal „Za zasługi dla Miasta i Gminy Wschowa", w 1999 roku otrzymał tytuł i statuetkę Dobosza Powstania Wielkopolskiego, w roku 2009 minister kultury i dziedzictwa narodowego odznaczył go srebrnym medalem Zasłużony Kulturze

„Gloria Artis". Odznaczony odznaką „Zasłużony Działacz Kultury" (1966), Srebrnym Krzyżem Zasługi (1973), Krzyżem Kawalerskim Orderu Odrodzenia Polski (1979). Swoje wiersze dedykowali mu polscy i niemieccy poeci Armin Müller, Sergiusz Sterna-Wachowiak, Johannes Poethen, Andrzej Ogrodowczyk, Helmut Pfisterer, Jerzy Grupiński, Christoph Lippelt, Tadeusz Żukowski, Günter Guben, Ingeborg Santor i Mateusz Marczewski. Był członkiem dawnego Związku Literatów Polskich (1960-1961 Oddział w Poznaniu, 1961-1971 Oddział w Zielonej Górze, 1971-1983 Oddział w Poznaniu, kilkakrotnie członek Zarządu Oddziału) i Stowarzyszenia Tłumaczy Polskich (1985-1993). Od roku 1989 jest członkiem-założycielem Stowarzyszenia Pisarzy Polskich (wielokrotnie w Zarządzie Oddziału w Poznaniu). W Stowarzyszeniu Pisarzy Polskich w Poznaniu powołał Fundusz im. Romana Brandstaettera, w roku 1991 zainicjował działalność wydawniczą (pierwsza seria poetycka) i współpracę ze Stowarzyszeniem „Dom Pisarza" (Stuttgarter Schriftstellerhaus) w Stuttgarcie (wymiana pobytowa pisarzy od roku 1991). Jego twórczość była przekładana na język niemiecki i arabski, publikuje także własne wiersze i szkice pisane po niemiecku. Był inicjatorem i w latach 1990-2004 koordynatorem, z udziałem prezesa Oddziału Stowarzyszenia Pisarzy Polskich w Poznaniu, współpracy i wymiany pobytowej pisarzy z Wielkopolski z pisarzami z Badenii-Wirtembergii. Jest członkiem między innymi Else-Lasker-Schüler-Gesellschaft w Wuppertalu. Członek PEN Clubu. Mieszka w Poznaniu.

Günter Guben, 1938 geboren, aufgewachsen in Hamburg. Ausbildung als Lithograph. Privatstudien bei den Malern Huhnen und Ullmann. Studierte Photographie, Film- und Fernsehtechnik sowie Kunstgeschichte. Schriftsteller, Maler und Photograph. Seit Anfang der 70er Jahre: Gestaltung von Buchumschlägen, Plattencovern und Plakaten sowie Graphiken in Zeitschriften und Büchern. Ehemals Regisseur im Kulturbereich des Radios SWR. Von 2004 bis 2010 Leiter des Stuttgarter Schriftstellerhauses. Veröffentlichung von Hörspielen, Texten in Anthologien und bislang neun bibliophilen Büchern.

Günter Guben, urodzony w 1938, w młodości w Hamburgu. Wyuczony litograf. Odbył prywatne studia u malarzy Huhnena i Ullmanna. Studiował fotografikę, technikę filmową i telewizyjną oraz historię sztuki. Pisarz, malarz i fotograf. Od początku lat 70-tych projektuje okładki książek, koperty do płyt, plakaty oraz grafikę do czasopism i książek. Był reżyserem audycji kulturalnych Radia SWR. W latach 2004-2010 prezes stowarzyszenia pisarzy „Stuttgarter Schriftstellerhaus". Autor słuchowisk, utworów publikowanych w antologiach oraz wydanych dotychczas dziewięciu bibliofilskich książek.

Spis treści		**Inhaltsverzeichnis**	
Wiersze		**Gedichte**	

Weitere Lyrik-Titel im
demand verlag:

Werner Dürrson
Ausgewählte Gedichte

„Ein genuiner Lyriker, jede Zeile von europäischem Zuschnitt
Dies gilt im künstlerischen wie im thematischen Sinn.
Das zentrale Kriterium ist ein unmittelbares Verhältnis
zur Sprache, ja zum einzelnen Wort, das - aus den
Zusammenhängen der alltäglichen Kommunikation
befreit - seine eigentümliche Magie entfaltet
und eine poetische Ordnung stiftet."
Albert von Schirnding (Süddeutsche Zeitung)

ISBN 978-3-935093-0-88
148 S. / 12,50 €

Werner Dürrson
Pariser Spitzen
Gedichte

In seinen neuen Gedichten, den *Pariser Spitzen*,
nimmt Werner Dürrson den Faden Baudelaires auf.
Mit unverminderter Sprachmeisterschaft setzt sich der
auch in Frankreich heimische Lyriker dem heutigen Paris aus,
das kaum noch ein Dorado der Künstler und Literaten,
der Gourmets und der Liebe ist; dabei gewinnt Dürrson der bald
abweisenden, bald verschlingenden Stadt überaus poetische Szenen,
Miniaturen und Genrebilder ab, in die das französische Idiom
reizvoll hineinspielt.
„Eine blitzende Text-Folge"
nennt Martin Walser die *Pariser Spitzen*,
„jeder in den absoluten Augenblick zielend."

ISBN 978-3-935093-00-2
88. S. / 10,- €

demand. Das literarische Programm

Anna Breitenbach
Feuer. Land
Gedichte

"Anna Breitenbach beherrscht die schwierige Kunst, aus wenigen 'einfachen' Wörtern ein sinnliches Gedicht zu zaubern … Ihre bisweilen scheuen und fast nackten Verse gleichen einzelnen schillernden Perlen, die Körper und Geist umschmeicheln.“ (die Zeitschrift: *Das Gedicht*)

"Gedichte mit frechem Humor
stellt die 1952 geborene Lyrikerin Anna Breitenbach vor, kurze Alltagsbeobachtungen, durch die scharfe Brille gesehen... Manchmal ziehen ihre Gedichte einen Bogen vom Humor zum Erschrecken.."
Sabine Zaplin (Süddeutsche Zeitung)

ISBN 978-3-935093-28-6
116 S. / 12,- €